50 Sehenswürdigkeiten für den Sommer 2020

Jeff Klotz

50 Sehenswürdigkeiten für den Sommer 2020

Besondere historische Orte im Raum Karlsruhe, Pforzheim und Calw

Kirchen, Burgen, Schlösser, Klöster und vieles mehr

J. S. Klotz Verlagshaus

Impressum

Titel:	50 Sehenswürdigkeiten für den Sommer 2020 . Besondere historische Orte im Raum Karlsruhe, Pforzheim und Calw. Kirchen, Burgen, Schlösser, Klöster und vieles mehr
Herausgeber:	Ewald Freiburger, Alexandre Goffin und Jeff Klotz J. S. Klotz Verlagshaus Schloss Bauschlott Am Anger 70 | 75345 Neulingen www.klotz-verlagshaus.de
Titelbild:	Schloss Ettlingen
Autor:	Jeff Klotz
Satz und Umschlag:	Harald Funke
Endkorrektorat:	Hildegard Bente
Fotos:	Ewald Freiburger, Klaus Eppele (Durlach) und Uwe Kaiser (Eisingen)

1. Auflage

Informationen über Bücher aus dem Verlag unter
www.klotz-verlagshaus.de

ISBN 978-3-948424-83-1

Inhalt

Vorwort

Liebe Leserin, lieber Leser,
liebe Kulturinteressierte,

der Sommer 2020 stellt uns alle vor Herausforderungen. Viel Liebgewonnenes ist nicht mehr so möglich, wie wir dies gewohnt sind. Dies trifft vor allem auch die Kultureinrichtungen und die Gastronomie. Dennoch ist die Region Karlsruhe, Pforzheim und Nordschwarzwald reich an Sehenswürdigkeiten, die verantwortungsvoll und mit gutem Gewissen besucht werden können. Einer kleinen Auswahl dieser möglichen Orte ist dieser Band gewidmet. Sicherlich werden viele Orte fehlen, die Ihnen beim Lesen des Buches in den Sinn kommen, doch soll dieses Buches ja gerade auch dazu einladen, weitere Entdeckungen zu tätigen und nicht bei den hier beschriebenen 50 Orten stehen zu bleiben, sondern darüber hinaus die Region er erkunden. Verstehen Sie diesen Kulturführer als kleine Anleitung für Ausflüge in den sommerlichen Tagen des Jahres 2020. Sie sollen Ihnen Vorfreude wecken, die Orte nochmals von innen zu besichtigen, so jetzt nicht möglich und sie sollen Ihnen aufzeigen, wie viele Orte dennoch besucht werden können. Der vorliegende Kulturführer für den Sommer 2020 legt den Schwerpunkt auf das Äußere und die allgemeine Geschichte der Objekte. Die Geschichte des Inventars oder des Inneren wird nur berührt und kann nicht Bestandteil dieses Buches sein. Ich freue mich, Ihnen mit diesem Buch 50 besondere Orte empfehlen zu dürfen, die vielseitig sind und vielleicht die Vorfreude auf „mehr Kultur“ in den folgenden Jahren wecken. Bis dahin wünsche ich Ihnen alles Gute! Bleiben Sie gesund und wohlbehalten.

Viel Freude mit der Lektüre.
Ihr
Jeff Klotz

Schlosskirche Pforzheim
Schlossberg 10
75175 Pforzheim

Die Schlosskirche Pforzheim

Beinahe thronend ruht die Schlosskirche im Stadtbild von Pforzheim. Sie ist in ihrer heutigen Gestalt das Resultat einer stetigen baulichen Veränderungen im Laufe von 1.000 Jahren. Südlich des Chores befinden sich im Untergrund die Reste eines Vorgängerbaus aus dem 10. Jahrhundert. Ab dem 12. Jahrhundert begann wohl der Bau der heutigen Schlosskirche, die dann im späten 13. Jahrhundert (Westwerk) und 14. Jahrhundert (Kirchenschiff) nochmals eine Erneuerung fand. Schlusspunkt dieser baulichen Entwicklung war der Stiftschor, der um 1475 durch Hans Spryß von Zaberfeld ausgeführt wurde. Die Reformation brachte den Verlust des Inventars, nach Umzug der Markgrafen von Baden nach Durlach blieb die Kirche die Grablege der Markgrafen, wobei das darum befindliche Schloss mehr und mehr verloren ging und zum Steinbruch verkam. Das seit 1460 zur Hauptpfarrkirche Pforzheims gewordene Gebäude erlebte wenige einschneidende Baumaßnahmen in der Folgezeit und konnte sich so sein spätgotisches Gepräge bewahren. Heute noch stehen die stolzen Epitaphe der Markgrafen von Baden im Inneren des Stiftschores. Auch der prächtige Lettner hat die Zeiten überdauert. Beim Luftangriff auf Pforzheim am 23. Februar 1945 ging auch die Schlosskirche bis auf die Außenmauern verloren. Die Kirche wurde wieder aufgebaut und die „Freunde der Schlosskirche“ nahmen sich der Bewahrung des Erbes der Kirche an.

RCHE

Das Reuchlinhaus in Pforzheim

Reuchlinhaus Pforzheim
Jahnstraße 42
75172 Pforzheim

Im Jahre 1900 wurde an der Stelle des heutigen Reuchlinhauses ein Gebäude des berühmten Pforzheimer Architekten Alfons Kern fertiggestellt: der Saalbau. Er diente in der Folge als größter und prächtigster Veranstaltungsort der Stadt. Am Ende des Zweiten Weltkriegs wurde die Innenstadt von Pforzheim größtenteils durch Luftangriffe zerstört, wobei auch der Saalbau gänzlich zerstört wurde. Nach den

ersten Trümmerräumungen und der weitest gehenden Wiederherstellung der öffentlichen Infrastruktur wurde nördlich der Schlosskirche ein Kulturzentrum geplant, worin auch ein Schmuckmuseum untergebracht werden sollte.

Der hierfür ausgeschriebene Wettbewerb brachte 1953 den Architekten Manfred Lehmbruck als Sieger hervor. Allerdings wurden dann Diskussionen um den Standort laut und schließlich wurde der Bau am Stadtgarten an der einstigen Stelle des Saalbaus und nicht beim Bahnhof verwirklicht. Die Entwürfe mussten daraufhin geändert werden. Die Baumaßnahmen begannen 1957 und 1961 wurde das Reuchlinhaus eingeweiht. Das Reuchlinhaus ist ein Bauwerk aus pavillonartigen Quadern, die um ein vollverglastes Foyer mit freischwingender Wendeltreppe angeordnet sind. Der Architekt Lehmbruck entwarf nicht nur die Architektur des Gebäudes, sondern auch die Inneneinrichtung. Das Reuchlinhaus fand schließlich eine überregionale Beachtung. Eine erste denkmalgerechte Sanierung fand ab 1993 beim Umbau des Schmuckmuseums statt, wobei die von Lehmbruck entworfenen Hänge- und Tischvitrinen erhalten blieben. Im Laufe der Jahrzehnte durchliefen einige Räume eine Umnutzung. So sind das Stadtarchiv und das Kulturamt heute nicht mehr im Gebäude.

Barfüßerkirche Pforzheim
Barfüßergasse 12
75172 Pforzheim

Die Barfüßerkirche in Pforzheim

Über die Anfänge des Klosters sind nur wenige Informationen überliefert. Der Franziskanerbruder Berthold von Regensburg soll bereits im Jahr 1259 als Prediger in Pforzheim tätig gewesen sein. Die Gründung eines Franziskanerklosters in Pforzheim geschah schließlich im Jahr 1270 und ab den 1280er Jahren gelangte das Kloster an größeren Besitz in Pforzheim und im Umland. Als in den 1440er Jahren der Streit um die Bewegung der Observanten, also um eine strengere Einhaltung der Ordensregeln, auch Pforzheim und das Franziskanerkloster erreichte und zudem Aufseher aus Basel und Heidelberg Pforzheim aufsuchten, eskalierte der Streit und etliche Franziskanerbrüder verließen Pforzheim. Sie siedelten in das Franziskanerkloster in Esslingen um. Der Franziskanerorden teilte sich schließlich kurz darauf in einen franziskanischen Reformorden und einen Orden der Konventualen nach alter Sitte.

Nach Einführung der Reformation im Jahr 1555 wurde das Kloster aufgehoben und künftig als Schule genutzt. Wie in den anderen Klöstern in Pforzheim und im Nordschwarzwald führte die Gegenreformation des Dreißigjährigen Krieges nochmals zu einer kurzfristigen Belegung durch Franziskanermönche von 1631 bis 1649. Danach wurde das Kloster wieder als Schulgebäude genutzt und während des Brandes der Stadt Pforzheim im Jahr 1689 gänzlich zerstört. Das dreischiffige Langhaus, der Kreuzgang und die dazugehörigen Konventsgebäude gingen verloren. Lediglich der Chor, der zwischen 1280 und 1290 errichtet wurde, erhielt sich. Von 1689 bis zur Gründung der unierten Landeskirche nutzte die reformierte (calvinistische) Minderheit in Pforzheim den verbliebenden Chor als Gottesdienststätte. In der Folge erwarb die katholische Gemeinde im Jahr 1825 die Kirche und da das mittelalterliche Patrozinium nicht mehr bekannt war, weihte man die Kirche dem heiligen Franziskus. Nach erheblichen Zerstörungen im Zweiten Weltkrieg wurde der Chor der Klosterkirche von 1949 bis 1957 wieder instand gesetzt. Gemäß dem Gebot der evangelischen Armut (Matthäus 10, 10) führten verschiedene Bettelorden im Hochmittelalter die Sitte ein, innerhalb des Klosterareals barfüßig zu sein und keine Schuhe zu tragen. Dadurch erhielt der Chor des Franziskanerklosters seinen noch heute verwendeten Namen „Barfüßerkirche“.

Kollmar & Jourdan-Haus
Bleichstraße 77–81
75173 Pforzheim

Das Kollmar & Jourdan-Haus

Die Bleichstraße befindet sich in der Südweststadt. Sie beginnt am Sedanplatz, kreuzt die Jahnstraße, verläuft parallel zur Nagold und führt schließlich über die Kallhardtbrücke, wo sie in die Calwer Straße mündet. Gerade auf der rechten Seite (stadtauswärts) befinden sich historische Gebäude, welche die Zerstörungen des Zweiten Weltkrieges überstanden haben.

Das Kollmar & Jourdan-Haus ist das ehemalige Geschäftsgebäude der Firma Kollmar & Jourdan AG. Es befindet sich in der Bleichstraße 81 in Pforzheim. Es beherbergt das Technische Museum, die Berufskollegstufe der Carlo Schmid Schule und die Pforzheim Galerie. Das Fabrikgebäude wurde 1901 bis 1910 nach Plänen des Architekturbüros Hermann Walder als Kontorhaus für die Uhrenkettenfabrik Kollmar & Jordan gebaut. Die Straßenseite ist mit farbig glasierten Sichtziegeln verkleidet. Die außergewöhnliche Farbgestaltung zeigt hellgrüne Wandflächen unterbrochen von blassweißen und bräunlichen Tönen. Das Gebäude ist ein Wahrzeichen der Goldstadt. Mehr als 2000 Arbeiter waren zeitweise in der Kettenfabrik beschäftigt. Nach dem Konkurs der Firma wurde das große Gebäude ab 1977 zum Geschäfts- und Bürohaus umfunktioniert.

KOLLMAR & JOURDAN HAUS

Die Stadtkirche Pforzheim
Rennfeldstraße 1
75173 Pforzheim

Die Stadtkirche Pforzheim

Die älteste Pfarrei in Pforzheim bildet die Altstadtkirche St. Martin. Sie blieb bis 1460 die Hauptkirche von Pforzheim, ehe die Stellung als Stadtpfarrei an die Schlosskirche St. Michael überging. Anschließend war die Klosterkirche St. Stephan an der Stelle des heutigen Technischen Rathauses Stadtkirche bis 1692.

Die im 18. und 19. Jahrhundert gefassten Pläne zum Neubau der Stadtkirche wurde nicht umgesetzt, da man sich, wohl auch aus Kostengründen, mit der Schlosskirche arrangierte. Nach langwierigen Verhandlungen konnte schließlich im Jahre 1899 am Lindenplatz eine neue Stadtkirche eingeweiht werden. Sie wurde beim Luftangriff am 23. Februar 1945 stark beschädigt, blieb danach aber noch als Ruine mit Langhaus und Turm bis in die 1960er Jahre stehen.

Ab 1960 begannen Planungen für den Neubau einer Stadtkirche, die sich im Wesentlichen an den strengen Formen der nach dem Krieg komplett neu erstandenen Stadtmitte Pforzheims orientieren, gleichzeitig aber auch unter den profanen Neubauten hervorragen sollte. Unter 46 eingereichten Entwürfen wurde der Entwurf vom Trierer Baurat Heinrich Otto Vogel, der den Zweiten Platz erreicht hatte, schließlich realisiert. Baurat Vogel hat in Trier den Wiederaufbau der Konstantinbasilika verantwortet, was sich deutlich in der Gestaltung der Stadtkirche Pforzheim zeigt. Ursprünglich sollte der Turm der kriegszerstörten alten Kirche miteinbezogen werden. Da dieser jedoch den statischen Erfordernissen nicht mehr genügte, entschloss man sich zu einem kompletten Neubau. Der Turm wurde aufgrund seines immensen Gewichts nicht auf Pfähle gestellt, sondern erhielt ein etwa sieben Meter tiefes Fundament, das direkt bis auf den Felsuntergrund reicht. Die Grundsteinlegung fand am 20. März 1965 statt, Richtfest war im April 1966, die Glocken wurden im Juni 1967 eingesetzt und zu Beginn des Jahres 1968 begann der Einbau der Orgel. Die Kirche wurde am 21. April 1968 eingeweiht.

Kirchenburg Merklingen
Kirchplatz 8
71263 Weil der Stadt

Die Kirchenburg von Merklingen

Die schöne und malerisch gelegene Kirchenburg Merklingen wurde im Laufe der Zeit gut in die immer größer werdende Ortschaft integriert. Merklingen bestand aus einem Burgkomplex mit umliegender Ringmauer und einer ausgeprägten Grabenanlage, die wahrscheinlich vom Fluss Würm mit Wasser versorgt wurde. Besonders sticht hier das alte Tor zur Zwingeranlage hin heraus. Hier hat sich bis heute eine kleine Brücke über den Graben erhalten. Im Laufe der Jahrhunderte wurde das Torhaus ausgebaut und beherbergt heute Wohnungen. Hinter dem Turm eröffnet sich der Blick auf den Zwinger und vom Platz hinter dem Tor stehen dem Besucher mehrere Wege offen, die Anlage zu erkunden. Einer führt direkt zur gut erhaltenen und mittelalterlich wirkenden Kirche, ein anderer um diese herum zu den dahinter liegenden Gebäuden. Von der äußeren Verteidigungsanlage hat sich ein Wehrturm links vom Torhaus erhalten, der zum Teil nach altem Vorbild rekonstruiert wurde und ein Fachwerkaufsatz trägt, an dessen Außenseite noch ein Erker zu erkennen ist. Abgesehen von diesem Turm befindet sich ein weiterer an der nördlichen Seite, der ebenfalls wieder vollständig aufgebaut wurde. Dem Weg an der Kirche vorbei folgend, gelangt man zum wuchtigen Kirchturm und einem dahinter stehendem unverputztem Steinhaus. Direkt daneben, zur Kirche hin, stand einst das Abtsgemach, das ein Gefängnis beherbergte. Neben dem ehemaligen Abtsgemach befindet sich eine Fußgängerbrücke, die diese Funktion schon im Mittelalter besaß, nur zu diesem Zeitpunkt als Zugbrücke ausgebaut war. Die Brücke vor dem Torturm soll ebenfalls in Form einer Zugbrücke vorhanden gewesen sein, der Graben unter ihr führte Wasser. Nördlich vom Steinhaus und nordwestlich der Kirche befand sich einst ein weiterer Zwinger, der abgesehen von zwei Wehrtürmen keine Gebäude beherbergte und nur seiner eigentlichen Funktion gleichkam. Hinter der Kirche befindet sich noch ein Teil der alten inneren Wehrmauer, die den Gottesacker von der Kernburg trennte. Heute erscheint dieser Bereich wie eine einfache Abtrennung zwischen der Rasenfläche und der etwas höher liegenden Kirche. Die Kirchenburg Merklingen ist ein klassisches Beispiel südwestdeutscher Kirchenburgen, wie sie vom 12. bis 15. Jahrhundert in der Region blühten und als Schutzorte dienten.

St. Maria Magdalena
Gemmingenstraße
75233 Tiefenbronn

St. Maria Magdalena in Tiefenbronn

Kaum eine Kirche im Schwarzwald verfügt über eine solch authentische und reichhaltige Ausstattung der Spätgotik wie St. Maria Magdalena in Tiefenbronn. Wer von Tiefenbronn spricht, meint daher zumeist die in der Kirche befindlichen Altäre. Von den erhaltenen fünf stechen zwei im Besonderen heraus: Der Altar des Hans Schüchlin im Hochchor von 1469 und der Lucas Moser Altar von 1432. Letzterer stellt ein Schlüsselwerk der Kunstgeschichte dar – am Übergang hin zu den Wandelaltären des 15. und 16. Jahrhunderts. Von außen betrachtet, wirkt Tiefenbronn wie eine Kathedrale „en miniature". Die Rosette an der Westfassade, die dreischiffige, basilikale Form sowie der Chorseitenturm verleihen der Kirche dieses besondere Gepräge. Eingebunden war die Wallfahrts- und Pfarrkirche in eine Schlossanlage. Unmittelbar südlich der Kirche stand bis ins 19. Jahrhundert hinein das Schloss der Linie Gemmingen-Tiefenbronn. Noch heute zeugt eine vermauerte Tür im oberen Bereich der Südwand der Kirche vom direkten Zugang der Ortsherren ins Innere der Kirche. Zunächst bildete die Kirche einen Wallfahrtsort und am dem 15. Jahrhundert auch eine Pfarrei sowie eine Herrschaftskirche. Somit hatte die Kirche gleich mehrere Funktionen zu erfüllen. Die sich daraus ergebende reichhaltige Nutzung spiegelt sich demnach bis heute in der Ausstattung wider, die – wie durch ein Wunder – die Zeiten überdauert hat.

Burg Steinegg
Burgweg 14
75242 Neuhausen

Die Burg Steinegg

Steinegg war einst der Sitz der Herren von „Stein zu Steineck“, die bereits gegen 1140 im Hirsauer Codex und im Reichenauer Schenkungsbuch und in der zweiten Hälfte des 12. Jahrhunderts in Maulbronner Urkunden genannt werden. Jakob von Steinegg besaß 1407 nur noch einen bestimmten Anteil an der Burg, den er an Dietrich V. von Gemmingen verkaufte. Dessen Sohn Dietrich veräußerte 1440 den Anteil an den Markgrafen Jakob I. von Baden, um ihn 1448 von diesem zu Lehen zu erhalten. Im Jahre 1461 erfolgte der Erblehensvertrag, mit dem die eigentliche Geschichte des Gemming´schen Gebietes beginnt. Bis zum Verkauf an Baden 1839 gehörten Dorf und Burg Steinegg zur Herrschaft Gemmingen-Hagenschieß.

Von der ersten höher gelegenen Burg sind keine deutlichen Reste erhalten. Die Bauteile der heutigen Burgruine scheinen nicht vor das 15. Jahrhundert zurückzureichen. Das heißt, sie stammen nicht mehr aus der Zeit der Herren von Stein zu Steinegg, sondern wurden von den Herren von Gemmingen errichtet, die mit Dietrich V. 1407 zunächst in Teilbesitz der Burg gelangten.

Der heutige Zustand der Burg, die 1840 zur Ruine gemacht und 1933 und in den folgenden Jahren einer weitgehenden Erneuerung unterzogen wurde, erschwert eine einwandfreie Klärung der Baugeschichte. Heute wird die Burgruine durch den CVJM und die evangelische Kirchengemeinde genutzt, die 1958 in den Besitz der Anlage gelangte.

Die Burg Liebenzell

Burg Liebenzell
75378 Bad Liebenzell

Die Burg Liebenzell ist eine Spornburg an einem Bergsporn am Hang des Schlossbergs über der Stadt Bad Liebenzell im Landkreis Calw. Die Burg Liebenzell war einst die politisch bedeutsamste Burg des württembergischen Schwarzwaldes. Sie wurde im 12. Jahrhundert von den Grafen von Calw erbaut und ab 1196 werden bereits die Grafen von Eberstein als Besitzer erwähnt. In den Jahren 1220 bis 1230 wurde die Burg deutlich ausgebaut. Der letzte Ebersteiner, genannt Ludwig von Liebenzell, übergab 1273 die Anlage an den Deutschen Ritterorden. Dieser verkaufte sie an Rudolf von Baden. Zu Beginn des 16. Jahrhunderts zogen die Markgrafen in die Stadt ein und kurz darauf begann die Burg zu verfallen. Ende des 16. Jahrhunderts und 1692 wurde die Burg Liebenzell zerstört und schließlich 1954 in stark veränderter Form wieder aufgebaut. Heute befindet sich die Burg im Besitz des „Internationalen Forums Burg Liebenzell", einer Akademie für politische Bildung und internationale Jugendbegegnung. Sie wird somit als Jugend- bildungs- und Tagungsstätte genutzt und beherbergt auch eine Gaststätte, die für das Publikum geöffnet ist. Auch das Mauerwerk ist interessant: Die Burganlage ist eine unregelmäßige Fünfeckanlage mit mächtiger Schildmauer, in der ein quadratischer Bergfried mit Abort eingebunden ist. Der Palas ist mit Spitzbogenöffnungen versehen und der sechs-geschossige Bergfried hat eine Höhe von 32 m mit einem Hocheingang auf sechs Metern Höhe, eine Mauerstärke von zwei Metern und eine Grundfläche von etwa 9 mal 9 Metern. Er kann als Aussichtsturm bestiegen werden.

St. Sebastian Neuhausen
Sebastianstraße 4
75242 Neuhausen

St. Sebastian Neuhausen

Neben der Pfarrkirche St. Urban und Vitus befindet sich in Neuhausen eine zweite Kirche, die wie kaum eine andere im Nordschwarzwald die ursprüngliche Raumwirkung der Spätgotik konserviert hat. Die als Friedhofskapelle gebaute Kirche St. Sebastian mutet aufgrund ihrer ursprünglichen Funktion am Gottesacker durchaus überproportioniert an. Diesem Umstand war es nicht zuletzt geschuldet, dass die Sebastianskapelle im Volksmund immer wieder als die ältere Pfarrkirche von Neuhausen bezeichnet wurde. Baugeschichtliche Untersuchungen an der Pfarrkirche lassen jedoch keinen Zweifel, dass diese deutlich älteren Ursprungs ist als St. Sebastian. Wie eine Urkunde des Klosters Herrenalb verrät, erbauten die Bewohner des Dorfes 1475 nahe des Dorfes eine Kapelle zu Ehren des Pestheiligen Sebastian. Nicht selten steht der Heilige in Zusammenhang mit größeren Krankheitswellen, sodass auch eine solche Verbindung im Falle der Stiftung 1475 nicht auszuschließen ist. Der Grundriss der Kirche stellt sich relativ einfach dar. An das Kirchenschiff schließt sich ein langgezogener Chor im 3/8-Schluss an. Die Sakristei befindet sich auf der Südseite des Chores. Vor allem die zweiteiligen, spätgotischen Maßwerkfenster sind von beachtlicher Qualität. Das Innere der Kirche wird durch den Umstand bestimmt, dass sich das Inventar des 15. und 16. Jahrhunderts erhalten hat. Neben den drei Altären weist die Gewölbelösung des Chores eine interessante kirchenrechtliche Verbindung auf. Denn die Konsolen der Gewölbeansätze stellen mit ihren Köpfen ganz offensichtlich Mönche dar und die drei sechseckigen Schlusssteine zeigen von West nach Ost das Wappen der Zisterzienser von Herrenalb, die Muttergottes und das Martyrium des Hl. Sebastian. Nur selten verfügt eine Kirche in ihrem Bauprogramm über solch deutliche Bezüge zum Mutterkloster. Mitte des 16. Jahrhunderts wurde St. Sebastian in Teilen umgebaut, wie eine Jahreszahl im Scheitel der Pforte zur Sakristei verrät. Augenfällig ist die Deckengestaltung des Kirchenschiffs mit ihrer reichhaltigen Rankenmalerei, die teilweise an die Formensprache gotischer Maßwerkfenster erinnert. Das heutige Aussehen der Malerei ist jedoch auf Restaurierungen der zurückliegenden Jahrzehnte zurückzuführen. Schon 1922 wurden bei einer ersten Freilegung weite Teile der Deckengestaltung ergänzt. Von der ursprünglichen Farbgebung haben sich nur wenige Reste erhalten. Dabei reichten diese jedoch aus, um davon ausgehend eine künstlerische Nachbildung der historischen Gestalt herzustellen. Dank des Einsatzes von Heinrich Leicht konnte die Kirche in ihrer Art erhalten werden.

Kentheim
75365 Calw

Bad Teinach-Kentheim

St. Candidus in Kentheim ist eine der ältesten Kirchen in Baden-Württemberg und gilt als eine der am besten erhaltenen romanischen Kirchen im deutschen Südwesten. Der Vorgängerbau von St. Candidus wurde wahrscheinlich schon kurz nach 800 auf Veranlassung des Klosters Reichenau als Einsiedelei gegründet. 1075 wird der Ort Kentheim zusammen mit anderen Orten wie Sommenhardt an das Kloster Hirsau übergeben. Im Kirchenschiff haben sich die Secco-Wandmalereien aus der Zeit um 1350 erhalten. Der Chorraum wurde im beginnenden 15. Jahrhundert ausgemalt (vermutlich um 1420). Ende des 16. Jahrhunderts wurden die Wandgemälde mit Putz überdeckt und erst seit 1840 wurden sie Stück für Stück wieder freigelegt und in der Folge restauriert. Herausragend unter den Wandmalereien des Nordschwarzwaldes ist der Bilderzyklus an der Nordwand. In Drei Zonen werden 27 Szenen aus dem Leben Jesu dargestellt. Dir Chormalereien zeigen Jesus Christus als Weltenrichter, umgeben von den Evangelisten in ihrer symbolischen Gestalt als Engel (Matthäus), Löwe (Markus), Stier (Lukas) und Adler (Johannes).

Burgruine Zavelstein
Bergfried
75385 Bad Teinach-Zavelstein

Die Burgruine Zavelstein

Die Burgruine Zavelstein (Bad Teinach) verkörpert wie keine andere Burg die machtpolitischen Interessen Württembergs im Schwarzwald. Die vielen hier konkurrierenden, teils mit Eberstein und Baden durch Lehen oder Zusammenarbeit verbundenen Adelshäuser bildeten eine reale Herausforderung für das Haus Württemberg. Eine der obersten Maxime der Politik des 14. Jahrhunderts musste daher die Zerschlagung dieser Strukturen und die Erlangung strategisch wichtiger Orte sein. So griffen die Württemberger nach Neuenbürg, Calw und Zavelstein, das sie zu einer beachtlichen Festung ausbauten. Die 1303 erstmals urkundlich erwähnte Anlage diente so auch als wichtiger Ausgangspunkt für die Zerschlagung des Ritterverbunds der Martinsvögel und später des Schleglerbundes. Die kleinen Ritterschaften hatten Jahrzehnte lang versucht, sich dieser Einmischung zu erwehren. Gemeinsame Sache machte das Haus Württemberg hierbei mit dem Hause Baden. Gemeinsam arbeiteten sie gegen die kleinen Häuser des Schwarzwaldes und installierten in der Folge Familien, mit denen beide zurecht kamen. Bestes Beispiel ist hierfür Tiefenbronn, wo die Familie Stein zu Steinegg wegen der Beteiligung an einem solchen Ritterbund bestraft und dann durch die gefällige und treue Familie v. Gemmingen ersetzt wurde. Dieser Akt der badisch-württembergischen Eroberung des Nordschwarzwaldes ist auf den Glasmalereien des Tiefenbronner Chores von 1395 festgehalten, wo beide Wappen siegreich zusammenkommen. Zurück zu Zavelstein: Aufgrund der prekären finanziellen Situation des Hauses Württemberg wurde die Burg Zavelstein seit dem 16. Jahrhundert mehrfach als Lehen weitergegeben. Schließlich erhielt 1612 das Haus Buwinghausen v. Wallmerode die Anlage und bewohnte sie für drei Generationen bis zur Zerstörung im Pfälzischen Erbfolgekrieg durch französische Truppen 1692. Zwischen 1612 und 1692 bauten die Buwinghausen die Burg in ein repräsentatives Schloss um. Leider haben keine der Schlossteile Zerstörung und Brand von 1692 überdauert. Die Buwinghausen verließen Zavelstein und Württemberg übernahm wieder die Verantwortung. 1844 wurde die Ruine gemäß der Ruinenromantik des 19. Jahrhunderts in ein Ausflugsziel mit Aussichtsturm umgebaut. Die Burgruine Zavelstein ist also ein echtes Stück baden-württembergische Geschichte und immer einen Besuch wert.

Bad Teinach – Kabbalistische Lehrtafel
Dreifaltigkeitskirche Bad Teinach
75385 Bad Teinach-Zavelstein

Bad Teinach und die Kabbalistische Lehrtafel

An der Südwand des Chores der Dreifaltigkeitskirche in Bad Teinach befindet sich die sogenannte Kabbalistische Lehrtafel von 1673. Es handelt sich um ein Triptychon, also einen Gemäldeschrein, mit über 5 Metern Breite und über 6 Metern Höhe. Die Entwürfe für das Werk entstanden in jahrelanger Arbeit eines Gelehrtenzirkels rund um die herzogliche Prinzessin Antonia von Württemberg und wurden schließlich vom Stuttgarter Hofmaler Johann Friedrich Gruber 1659 bis 1663 gefertigt. Zehn Jahre später wurde die Tafel in Bad Teinach an seinem gegenwärtigen Standort aufgestellt. Die Einordnung des Werkes kann nur mit Hinblick auf die humanistischen Strömungen des 17. Jahrhunderts vorgenommen werden. So stellt das Werk inhaltlich die Entwicklung des Menschen von den Anfängen bis zur Gegenwart dar. So sind im Hauptbild der Lehrtafel diverse Personen des Alten und Neuen Testaments dargestellt. Im Zentrum des Bildes ist in mythischer Überhöhung das Innere des Tempels von Jerusalem zu sehen. Die Kabbala wird hier als mystischer Zugang zum Sinn des Christentums begriffen. So soll mithilfe der mystischen Geheimlehre der Kabbala eine tiefere Sinnstiftung erkennbar werden. Die in Bad Teinach bildlich zum Ausdruck gebrachte Form der Kabbala stellt die ins Christentum übertragene Form der jüdischen Kabbala dar. In manchen Punkten verschmelzen daher kabbalistische, humanistische und auch pietistische Bildmotive auf der Lehrtafel. Antonia von Württemberg war eine Förderin der christlichen Kabbala und trat für diese auch als herzogliche Mäzenin in ganz Württemberg in Erscheinung.

Die Dreifaltigkeitskirche von Bad-Teinach ist eine einschiffige Hallenkirche mit Dachreiter im Westen. Sie ist im Stil der Spätrenaissance errichtet worden und als Architekt fungierte der herzogliche Baumeisters J. A. d'Avilla, der das Bauwerk von 1662 bis 1665 neu erbauen ließ. Bis in die Gegenwart hat sich die barocke Ausstattung in Teilen erhalten. Hierzu gehören ein steinernes Kruzifix am Altar (1666), die Chororgel mit Balustrade (1680) sowie ein Ölgemälde mit der Anbetung der Hirten (1689). An der südlichen Chorwand befindet sich die berühmte „Kabbalische Lehrtafel".

Klosterruine Hirsau
Klosterhof 9
75365 Calw

Die Klosterruine Hirsau

Seit den Zerstörungen des Pfälzischen Erbfolgekrieges im Zuge dessen Jagdschloss und Kloster gänzlich zerstört wurden, liegt das obere, neue Kloster in Hirsau als Ruine in der Landschaft. 1082 begann der Bau des Klosters mit der Anlage eines Plateaus, bereits 1091 konnte das Kloster bezogen werden. In der Folge verfiel das ältere Aureliuskloster im Tal. Das Benediktinerkloster weist gleich mehrere Besonderheiten auf. Zum einen verfügt es über erstaunliche Abmessungen: Die Klosterkirche St. Peter und Paul gehörte zu den größten romanischen Bauwerken nördlich der Alpen. Lediglich der erhalten gebliebene Eulenturm (um 1120) zeugt vom einstigen Glanz der Anlage, die erst zur Mitte des 12. Jahrhunderts hin gänzlich abgeschlossen war. Außerdem erlangte das Kloster nicht nur architektonische, sondern auch politische Bedeutung: Unter Abt Wilhelm, der aus Regensburg kam, entwickelte Hirsau eine enorme Reformtätigkeit und wurde schließlich im Rahmen des Investiturstreits zwischen dem Kaiser und dem Papst zur wichtigsten Bastion der päpstlichen Fraktion nördlich der Alpen. Hirsau rückte also in den Mittelpunkt des damaligen Weltgeschehens. Nach einer Phase der Stagnation im 13. und 14. Jahrhundert blühte das Kloster Hirsau im 15. Jahrhundert wieder auf. Davon zeugen heute noch die Reste des in dieser Zeit errichteten Kreuzgangs sowie die kurz nach 1500 errichtete Marienkapelle, die als einziges Gebäude erhalten blieb und heute noch als Kirche genutzt wird. Nach der Reformation wurde eine evangelische Klosterschule eingerichtet, die jedoch schon bald wieder aufgelöst wurde. 1586 bis 1592 ließen die Herzöge von Württemberg an der Stelle des Klosters ein Jagdschloss errichten, dessen Giebelfassade im Renaissancestil bis heute noch den Blick auf das Kloster prägt. Dank der im 19. Jahrhundert aufkommenden Ruinenromantik endete der jahrhundertelang einsetzende Steinraub am Kloster und die Ruine blieb bis heute erhalten.

Aurelius Hirsau
Aureliusplatz 1
75365 Calw

Die Aureliuskirche Hirsau

Um 830 ließ Bischof Noting von Vercelli der Legende nach die Gebeine des Heiligen Aurelius von Riditio aus Mailand nach Hirsau überführen. Es bestanden verwandtschaftliche Beziehungen zwischen dem Bischof und den Grafen von Calw. Es wurde eine einfache fränkische Saalkirche erbaut, über den weiteren Fortgang des Kloster ist jedoch nichts bekannt. Im 10. Jahrhundert scheint das Kloster bereits verfallen zu sein. Eine Wiederbelebung erfolgte schließlich im Jahr 1049, als Papst Leo IX. (im Elsass als Bruno von Eguisheim geboren) während einer Reise in die Region kam und die Suche der Gebeine des Heiligen in den Ruinen des verfallenen Klosters befahl. Man wurde fündig, fand tatsächlich Gebeine und schrieb sie Aurelius zu. In der Folge wurde der Neffe des Papstes, Graf Adalbert von Calw, damit beauftragt, das Kloster St. Aurelius wieder neu aufzubauen. Dieser begann damit sogleich im Jahre 1059. Erbaut wurde Aurelius nun als dreischiffige romanische Säulenbasilika mit Querhaus. Das große, sehr gedrungene Langhaus erstreckte sich über vier Joche. Im Westen wurde das Bauwerk von zwei massiven Türmen begrenzt. Im Süden lag die Klausur mit Kreuzgang, von der heute nichts mehr zu sehen ist. Erhalten blieb lediglich der westliche Teil der einstigen Klosterkirche aus dem 11. Jahrhundert. Die Türme sind noch durch die massive Mauerung zu erkennen. Dass dieser Teil der Kirche sich erhalten hat, ist einem Zufall zu verdanken. Jahrhundertelang wurde das Gebäude als Stall genutzt und überdauerte so die Zeiten.

Marktplatz Calw
Marktplatz
75365 Calw

Der Marktplatz von Calw

Dem Besucher zeigt sich Calw auf seinem Marktplatz von der schönsten Seite. Reiche Fachwerkhäuser zieren die vier Seiten des Platzes. Jedes Haus zeugt von Jahrhunderte währenden Umbaumaßnahmen und Erweiterungen und dadurch – natürlich – vom Stolz und Wohlstand der führenden Familien der Stadt. Das Fachwerkensemble des Platzes ist weitestgehend geschlossen und die meisten Gebäude wurden nach den Zerstörungen des Pfälzischen Erbfolgekrieges 1692 wieder aufgebaut. Durch diesen recht einheitlichen Wiederaufbau wirkt der Marktplatz äußerst homogen. Der Marktplatz war bis ins 19. Jahrhundert hinein der prominenteste Wohnort der Stadt. Hier siedelten sich die wohlhabendsten Händler und Handwerker der Stadt an. Beide Marktbrunnen von Calw wurden im Jahre 1523 zum ersten Mal erwähnt. Ihr heutiges Aussehen verdanken sie wohl Neugestaltungen des 17. Jahrhunderts. Auf dem oberen Marktbrunnen steht auf der Brunnensäule die Jahreszahl 1686. Hier ist auch ein Löwe zu sehen, der das Wappen von Württemberg und von Calw hält. Der Brunnen symbolisiert die Einheit Württembergs und der Stadt Calw. Im Zuge der politischen Expansion Württembergs in den Schwarzwald im 14. Jahrhundert kam auch Calw 1345 zu Württemberg.

Kloster Frauenalb
Klosterstraße 13
76359 Marxzell

Das Kloster Frauenalb

Zwischen 1170 und 1185 wurde das Kloster durch die Grafen von Eberstein als Benediktinerinnenstift gegründet. Schon von Anfang bildete das Kloster eine Besonderheit, da es einerseits nie der Grablege der Stifterfamilie diente und andererseits von Anfang an als eine Stiftung für unverheiratete und verwitwete Adlige gegründet wurde. Frauen aus vielen mit der Familie Eberstein verbundenen Adelshäusern Mitteleuropas lebten hier und sollten mithilfe der Stiftungen für das Kloster ein standesgemäßes und kontemplatives Leben führen können. Ein „typischer" benediktinischer Ordensbetrieb fand in Frauenalb darum nicht statt. Die erste Äbtissin, Oda von Eberstein, wird in der Bulle Papst Coelestins III. vom 18. Mai 1193 genannt. Sie war die Schwester des Klostergründers, Eberhard III. von Eberstein, wodurch auch die Idee der Familienstiftung zusätzlich unterstrichen wurde. Bis ins 15. Jahrhundert hinein entstammten die meisten Schwestern von Frauenalb aus den lehensnehmenden Adelsfamilien und den Ministerialen der Familie von Eberstein. Spätestens ab dem 15. Jahrhundert wurde der Kreis der Familien jedoch immer größer, was nicht nur die Verflechtungen der Familie von Eberstein illustrierte, sondern auch die wachsende Bedeutung des Hauses Baden für die Geschichte des Klosters zum Ausdruck brachte. Denn im Jahr 1387 veräußerte Wolf von Eberstein seine Hälfte der Grafschaft Eberstein an Markgraf Rudolf von Baden. Der weit gestreute Besitz des Klosters brachte Einkünfte aus über 50 Dörfern des Umlandes ein. Das Kloster Frauenalb entwickelte sich mehr und mehr zu einem gehobenen Wohnort unverheirateter Adliger – ohne die sonst üblichen klösterlichen Lebensweisen. Selbstverständlich existierte ein regulärer Klosterbetrieb mit der dazugehörigen Liturgie, den Festen und Gottesdiensten, doch die Regeln und Pflichten waren für die Frauen im Kloster weniger strikt als andernorts. Von den ursprünglichen mittelalterlichen Gebäuden hat sich beinahe nichts erhalten. Die heute erhaltene Klosterruine geht auf den barocken Neubau des Klosters im 18. Jahrhundert zurück. Die Kirche und Klostergebäude wurden zwischen 1694 und 1751 durch die Architekten Franz Beer und Peter Thumb in spätbarocken Formen neu gebaut. Die Innenausstattung wurde von Riccardo Retti und Lucca Colomba umgesetzt. In der Folge zogen verschiedene Fabriken in die Gebäude des Konvents ein und mehrere in den Betrieben ausgebrochene Feuer zwischen 1835 und 1853 zerstörten die Anlage, sodass heute nur noch eine Klosterruine von der einstmaligen Größe des Benediktinerinnenklosters zeugen.

Das Kloster Herrenalb

Um das Jahr 1148 gründete Berthold III. von Eberstein das Kloster Herrenalb. Er kehrte vom zweiten Kreuzzug aus Jerusalem zurück und verband hiermit die Stiftung eines Hausklosters und einer Grablege für die eigene Dynastie. Das genaue Datum der Gründung ist bis heute ungewiss, da die einzige Erwähnung der Gründung eine spätere Abschrift von 1270 ist und offenkundig stark verändert wurde. Der Konvent wurde als Zisterzienserkloster mit dem Patrozinium der heiligen Muttergottes gegründet und die ersten Mönche kamen aus dem Kloster Neuburg im Unterelsass. Zunächst lag die Verwaltung und Oberhoheit über das Kloster bei der Familie von Eberstein allein. Spätestens 1275 wurde per königlichem Erlass festgehalten, dass die Ebersteiner die Vergabe von Ämtern selbst entscheiden konnten. So erlangten die Markgrafen von Baden 1289 dieses Recht, das 1338 an die Grafen von Württemberg fiel. Die Württemberger sollten so Herrenalb in den nächsten Jahrhunderten fest in ihrer Hand halten, obgleich die Markgrafen von Baden nicht alle Ansprüche aufgaben und weiter Rechte am Kloster inne hatten. Das Ergebnis war, dass Württemberg die mehrheitlichen Rechte an Herrenalb behielt, das Haus Baden aber größeren Einfluss haben sollte. Der Besitz des Klosters konzentrierte sich vor allem im Nordschwarzwald sowie im südlichen Kraichgau. Dennoch sollte es dem Kloster nicht gelingen, den weit gestreuten Besitz in geschlossenen Gebieten zu bündeln. Dennoch gehörten 37 Dörfer zum klösterlichen Besitz und aus weit über 100 Ortschaften bezog es Mitte des 15. Jahrhunderts seine Einnahmen.

Mit der Einführung der Reformation in Württemberg wurde das Kloster 1536 aufgelöst. Die Mönche mussten das Kloster verlassen und 1556 wurde eine evangelische Klosterschule eingerichtet. Der Versuch sollte jedoch nicht erfolgreich verlaufen, sodass die Schule 1595 wieder geschlossen wurde. Vom einstigen Kloster Herrenalb haben sich Teile der romanischen Klosterkirche erhalten. Diese datiert in das 12. Jahrhundert und weist vor allem an den Fenstern und in der Ornamentik typische Formen der Romanik auf – offenkundig wurden in Herrenalb gerade bei den Kapitellen Hirsauer Baumuster nachgeahmt. Schwere Beschädigungen erlitt die Klosteranlage im Dreißigjährigen Krieg, als schwedische Truppen die Anlage in Brand setzten. Seitdem verfiel das Kloster mehr und mehr in einen ruinösen Zustand. Nach kurzzeitigen Versuchen zur Restitution des Katholizismus in den 1640er Jahren wurde das Zisterzienserkloster 1649 endgültig aufgelöst.

AM ANFANG WAR DAS WORT
LUTHER
2017
500 JAHRE
REFORMATION

Stadtkirche Bad Wildbad
Kurplatz 1
75323 Bad Wildbad

Die Stadtkirche Bad Wildbad

Eine Kaplanei in Bad Wildbad wird erstmals in einer Urkunde des Jahres 1350 erwähnt. Hierin wird die Kirche als Filiale von Bad Wildbad genannt. In einer zweiten Urkunde von 1367 wird die Kirche mit dem Patrozinium des heiligen Leonhard benannt, doch erst im frühen 15. Jahrhundert erhielt der Ort eine eigene Pfarrei (1424). In dieser Zeit befanden sich zwei Kirchen in Bad Wildbad – eine Kirche

St. Sebastian in der oberen Stadt und eine Jungfrauenkirche in der Vorstadt. Als bereits in den 1530er Jahren durch Herzog Ulrich von Württemberg die Reformation eingeführt wurde, kam kurz darauf (1545) bereits mit Jakob Bock ein erster evangelischer Pfarrer nach Wildbad. In der Folgezeit war der Ort von 1566 bis 1836 Sitz eines Dekanats. Baugeschichtlich waren das 17. und 18. Jahrhundert äußerst ergiebig. Zwischen 1623 und 1628 baute der berühmte württembergische Architekt Heinrich Schickhardt die Stadtkirche um, die allerdings zusammen mit der Stadt 1742 einem Großbrand zum Opfer fiel. Daraufhin wurde der württembergische Oberbaudirektor Johann Christoph David von Leger mit dem Wiederaufbau der Stadt und der Kirche betraut. So entstand zwischen 1746 und 1750 die heutige barocke Stadtkirche, die baugeschichtlich eine spannende Verbindung aus barocken Stilelementen mit protestantischen Vorstellungen von Schlichtheit verbindet. Die evangelische Stadtkirche von Bad Wildbad gehört darum zu den Idealbeispielen protestantischer Kirchen im Zeitalter des Spätbarock im Nordschwarzwald. Während der Planung und Umsetzung des Bauwerks kam es zu Diskussionen und Verzögerungen, da zunächst nicht feststand, ob die finanziellen Mittel für einen Turm vorhanden waren. Zunächst

sollte daher die Kirche ohne Turm errichtet werden. Daraufhin intervenierte jedoch Herzog Carl Eugen und veranlasste den Bau eines Turmes, sodass 1747 das Langhaus und 1748 der Turm fertiggestellt werden konnten. Da der Turm mangelhaft ausgeführt wurde und kurz nach seiner Fertigstellung bereits einstürzte, wurde von 1749 bis 1750 der neue, heute noch sichtbare Turm der Kirche errichtet. In diesem Zuge wurde auch eine Uhr vom Stuttgarter Uhrmacher Johann David Ruoff eingesetzt. Der Innenraum der Kirche ist oval ausgeführt. Seinen protestantischen Charakter erhält die Kirche durch die Ausrichtung auf die im Zentrum der Ostwand aufgestellte Kanzel und die schlichte Ausführung der Emporen sowie die Gestalt der Bestuhlung.

650

Die Englische Kirche in Bad Wildbad

Englische Kirche in Bad Wildbad
Kuranlagenallee 8
75323 Bad Wildbad

Im 19. Jahrhundert nahm die Zahl der englischen Touristen in Bad Wildbad erheblich zu. Ehe die „Englische Kirche“ errichtet wurde, fanden so englische Gottesdienste an anderen Orten in Wildbad statt. Der Kurbetrieb war vor allem bei Gästen aus Großbritannien beliebt. Reverend Ludlow strengte ab 1864 den Bau einer eigenen englischen Kirche an. Das Königreich Württemberg stellte zu diesem Zweck das Grundstück sowie Geld zur Verfügung, der Wildbader Stadtrat gab den gleichen Betrag dazu. Weitere finanzielle Hilfen erfolgten durch die zahlreichen immer wiederkehrenden Gäste aus England. Einer der berühmtesten Unterstützer war Lord Gordon, der Vertreter des Vereinigten Königreiches in Stuttgart. Die Entwürfe für das neue Gebäude stammten vom Architekten Withers aus London in Zusammenarbeit mit dem ausführenden Stuttgarter Architekten August von Beyer. Ziel des Bauwerkes war es, dem im 19. Jahrhundert typischen „Nationalstil“ zu entsprechen. Also wurde die Kirche im Stil einer spätgotischen, englischen Landkirche errichtet. Als Baumaterial diente Sandstein aus der unmittelbaren Umgebung. Bis zum Ersten Weltkrieg fanden in der Kirche anglikanische Gottesdienste statt. Diese kamen daraufhin zum Erliegen. 1945 ging die Kirche in staatliches Eigentum über. Heute finden hier wieder regelmäßig Andachten und Gottesdienste statt.

Schleglerkasten Heimsheim
Schloßhof 5
71296 Heimsheim

Der Schleglerkasten in Heimsheim

Das alte Schloss Heimsheim, auch Schleglerkasten genannt, wurde um das Jahr 1415 errichtet. Dendrochronologische Analysen der Holzbalken ergab, dass die Bäume im Jahr 1413 gefällt wurden. Dietrich von Gemmingen starb 1414 und hatte 1407 Jakob von Stein einen großen Teil von Heimsheim abgekauft. Dietrich von Gemmingens Sohn Dieter von Gemmingen (gest. vor 1428) erhielt nach der Teilung 1425 die Hälfte des Ortes und wird als Erbauer des Schlosses angenommen. Neben dem Tor sind daher noch heute Allianzwappen von Gemmingen-Selbach zu sehen, da Dieter von Gemmingen mit Anna von Selbach verheiratet war. Bautypologisch handelt es sich beim Schlegerkasten um Kern um eine Wehrburg – einer Burgenform, von der es in Baden-Württemberg in dieser Größe und zudem freistehend nicht mehr sonderlich viele gibt. Bereits 1578 erfolgte ein Umbau der Burg in einen Fruchtkasten. Hierbei sind die wehrhaften Bauteile entfernt worden, sodass das Bauwerk heute eher wie ein profaner Wirtschaftsbau wirkt als ein politisches Zentrum des 15. Jahrhunderts. Noch 1715 und danach wurde das Schloss weiter ausgebaut, die letzte große Renovierung und Restaurierung fand schließlich zwischen 1985 bis 1995 statt.

Umgangssprachlich wird das Schloss als Schleglerschloss bezeichnet, was seine Ursprünge im sogenannten Schleglerbund hat – einem Zusamemnschluß der Landritter gegen das Ausgreifen der großen Adelshäuser und der Städte. In den Jahren 1986 und 1987 fanden archäologische Untersuchungen statt, die jedoch keinerlei Ergebnisse in Bezug auf den Schleglerbund und einen möglichen Vorgängerbau brachten. Der Schleglerbund wurde schließlich schon 1396 aufgelöst, sodass das heutige Schloss erst nach dem Ende dieses Ritterzusammenschlusses errichtet wurde.

Baugeschichtlich ist das Heimsheimer Schlegerschloss ebenfalls von Interesse. Das Schloss wurde mit seiner Rückseite direkt auf die Stadtmauer gesetzt. Früher befanden sich im Erdgeschoss die Ställe, Küche und Lagerräume. Im ersten Obergeschoss waren ursprünglich das Arbeits- und Empfangszimmer, heute befindet sich dort der Rittersaal. Im zweiten und dritten Obergeschoss waren Schlaf- und private Rückzugsräume. Im dritten Obergeschoss ist heute ein Festsaal für öffentliche oder private Anlässe. Das vierte Obergeschoss diente der Verteidigung der Burganlage.

Ev. Pfarrkirche in Niefern
Hauptstraße 29
75223 Niefern-Öschelbronn

Die Ev. Pfarrkirche in Niefern

Die Marienkirche in Niefern ist eine gotische Wehrturmkirche. Ihre erhöhte Lage und der noch in Umrissen erkennbare Wehrkirchhof (ehemals mit Mauern eingefasst) zeigen dies. In ihrer heutigen Form wurde sie in zwei Bauphasen errichtet: Der Chor als ältester Bauteil datiert um 1350, während um 1480/90 das Langhaus mit Lettner und Westturmfassade durch die Werkstatt des Hans Spryß von Zabernfeld neu errichtet wurde. Über Vorgängerbauten ist wenig bekannt. Dass aber schon sehr früh eine Kirche in Niefern bestand, zeigt die Ersterwähnung des Ortes um 1082. In ihr schenkt der Hirsauer Abt Wilhelm dem Kloster Reichenbach das Patronatsrecht an einer nicht weiter definierten Kirche in Niefern. Dies setzt folglich ihre Existenz bereits voraus. Unter dem heutigen Lettner fanden sich auch Fundamente eines allerdings nicht näher datierbaren Vorgängerbaus, die auf eine Chorturmkirche schließen lassen.

Die Marienkirche in Niefern gehört zu den besterhaltenen Kirchengebäuden der Region. Dies zeigt sich nicht nur im Inneren und am erhaltenen Chorraum mit seiner Wandmalerei, sondern auch an den äußeren Bauteilen und Fassaden-Elementen. Der älteste, heute noch sichtbare Teil der Kirche ist der Chor. Der polygonal gestaltete Chorraum wurde in seiner heutigen Gestalt um 1350 errichtet, beruht jedoch auf älteren Strukturen.. Das Langhaus der Kirche in Niefern wurde über ein Jahrhundert nach dem Chor deutlich vergrößert und ausgebaut. In den 1470er Jahren baute der badische Hofbaumeister Hans Spryß von Zaberfeld nach der Schlosskirche in Pforzheim auch die Nieferner Kirche um. Das Langhaus und der dazugehörige Lettner können daher als sein Werk benannt werden. Um 1470 erschien die Kirche schließlich in der äußeren Gestalt, wie wir sie heute antreffen. Zeugnisse dieses spätgotischen Umbaus sind die heute noch erhaltenen großen Maßwerkfenster auf der Süd- und Nordseite des Langhauses. Die einzige größere Veränderung jüngeren Datums war der Umbau des Turms. Die oberen Zonen des Turms waren, wie Zeichnungen zeigen, zwar im 19. Jahrhundert bereits vorhanden, können aber als Ergänzungen des 18. Jahrhunderts benannt werden. Ursprünglich war der Turm niedriger und verfügte, wie für Kirchtürme dieser Zeit üblich, über ein spitz zulaufendes Dach ohne Fachwerk-Abschluss. An der Nordseite der Kirche hat sich zudem ein kleiner, rund gestalteter Treppenturm erhalten. Dieser Anbau passt gut in die Zeit kurz vor 1500, als auf diesem Wege der Lettner erreicht werden konnte.

Niefernburg
Schloßstraße 57
75223 Niefern-Öschelbronn

Die Niefernburg

Die Bezeichnung „Hohenniefern“ hat in der Vergangenheit häufig zu Vermutungen und Diskussionen über die Existenz einer zweiten Burg, neben der als Schloss Niefernburg bekannten Anlage, geführt. Während man in der älteren Forschung das Vorhandensein einer solchen Höhenburg aufgrund des Mangels an Quellen und Überresten bezweifelt und die Schreibweise „Hohenniefern“ folglich als Fehler interpretiert wurde , wird mittlerweile wieder davon ausgegangen, dass eine solche Burg wahrscheinlich bestanden hat . Als Argument hierfür kann eine Urkunde aus dem Jahr 1293 herangezogen werden, in der neben einem Albert von Niefern zusätzlich auch die Brüder Friedrich und Konrad von Hohenniefern explizit als Zeugen genannt werden, also eine Unterscheidung zwischen Niefern und Hohenniefern getroffen wird. Zudem sind die mittelalterlichen Reste, die sich im Renaissanceschloss Niefernburg erhalten haben, aufgrund ihrer Beschaffenheit und der regelmäßigen Anlage vielmehr in die erste Hälfte oder Mitte des 13. Jahrhunderts zu datieren. Zur Unterscheidung beider Sitze tauchte folglich in der zweiten Hälfte des 13. Jahrhunderts die Bezeichnung „Hohenniefern“ auf. Die Tatsache, dass sich von der älteren Höhenburg nichts erhalten hat, könnte durch die Aufgabe dieser Burg um 1300 und das allmähliche Abtragen der Materialien erklärt werden. Betrachtet man das Renaissanceschloss Niefernburg, so mag kaum jemandem die mittelalterliche Vergangenheit, die sich in diesem Bauwerk erhalten hat, ins Auge fallen. Dennoch treten an einigen Stellen die Reste des ehemaligen Stammsitzes der Herren von Niefern hervor. Als Achtsynit 1555 begann, das Renaissanceschloss Niefernburg zu erbauen, so tat er dies nicht auf freiem Grund. Bereits die Ersterwähnung der Herren von Niefern 1186 setzt das Vorhandensein eines Stammsitzes voraus. Häufig ist in der Vergangenheit über die Existenz einer zweiten diskutiert worden, genauere Informationen liegen hierzu bis heute jedoch nicht vor. In ihrem heuten Aussehen ist die Burg äußerlich noch im Zustand des 16. Jahrhunderts, als Martin Achtsynit, Kanzler der Markgrafschaft Baden und Organisator der Reformation in der Region, hier wohnte und aus einer mittelalterlichen Burg ein Renaissance-Schloss formte.

Lienzingen – Ein Fachwerkort

Lienzingen – Ein Fachwerkort
75417 Lienzingen

Das Fachwerkdorf Lienzingen kann ohne Zweifel als das „Rothenburg an der Enz“ bezeichnet werden. Kein Ort der Region verfügt in der Gesamtheit über einen besser erhaltenen historischen Ortskern. Hinzu kommen äußerst gelungene Sanierungsobjekte. Ein Besuch von Lienzingen wird durch einige weitere Punkte noch ratsamer: Die Kirchenburg mit der Peterskirche gilt als eine der am besten erhaltenen ihrer Art, das ehrenamtlich betriebene Café Kirchenburg (im Fachwerkhaus im Bild) ist einen Besuch wert und manche der Fachwerkgebäude sind aus Flößerholz errichtet. Zudem locken das Gasthaus zum Nachtwächter und das neu eröffnete Christbaumständermuseum in den Ort. Zweifelsfrei gehört Lienzingen zu den beeindrucktendsten Dörfern in Baden-Württemberg.

Lienzingen – Die Liebfrauenkirche

Lienzingen – Frauenkirche
Bei der Frauenkirche 20
75417 Mühlacker

Am südlichen Ortsrand von Lienzingen steht in erhöhter Lage eine ehemalige Wallfahrtskirche, die seit Ausdruck der spätmittelalterlichen Marienverehrung im Raum Pforzheim ist. Die ältesten Bauteile befinden sich im westlichen Bereich des Langhauses. Dieses wurde dem Stil des Westportals nach zu urteilen, möglicherweise bereits im Zeitraum von 1400 bis 1420 errichtet. Johann Riescher von Ladenburg, der von 1476 bis 1482 Abt des Klosters Maulbronn war, ließ die Kirche ausbauen, sodass sie ihre heutige Gestalt erhielt. Zunächst wurde von 1476 bis 1478 das Langhaus nach Osten erweitert. Offenbar bildete diese Osterweiterung des Langhauses zunächst auch den Abschluss der Kirche, sodass die Ostwand des Langhauses nun zugleich als Chorbereich genutzt wurde. Ein besonderes Ereignis in der Geschichte der Kirche war die Ausstellung eines Ablassbriefes am 14. August 1483, wodurch möglicherweise auch größere Einnahmen für die Kirche erzielt werden konnten. Inhalt des Ablassbriefes war das Versprechen auf Verkürzung der Sündenstrafen für die Teilnahme an der hiesigen Marienwallfahrt, also der Teilnahme an Kirchweih und allen Marienfesten in der Lienzinger Liebfrauenkirche. Kurz darauf, in den Jahren 1485 bis etwa 1490 wurde schließlich der Chor mit der Sakristei angefügt.. Im Zuge dieser Baumaßnahme der späten 1480er Jahre wurde unter das gezimmerte Dachwerk ein Maschennetzgewölbe eingezogen, das zu den eindrucksvollsten gotischen Gewölben im Nordschwarzwald gezählt werden kann. In den Schnittpunkten der Rippen finden sich sechs Schlusssteine mit außergewöhnlich detailreich gestalteten figürlichen Darstellungen. Noch bevor der Chor Ende des 15. Jahrhunderts angebaut wurde, erhielt die Wallfahrtskirche zwischen 1476 und 1481 im Langhaus eine verzierte Holztonnendecke, die zu den besterhaltenen gotischen Holzarbeiten der Region gehört.

Während des pfälzischen Erbfolgekrieges wurden große Teile der Altäre 1693 zerstört. Weitere Beschädigungen wurden im Zuge einer größeren Reparatur in den Jahren 1696 und 1697 durchgeführt, wobei auch das Dach in Teilen erneuert wurde. Auch die napoleonischen Koalitionskriege gingen an der Liebfrauenkirche nicht spurlos vorbei. 1794 wurden österreichische Soldaten einquartiert, die in der Kirche ein Munitionsdepot einrichteten. Zwei Jahre später zogen diese ab und zerstörten das Chorgestühl sowie die Reste der mittelalterlichen Altäre. Hiervon hat sich lediglich eine stark beschädigte Pieta erhalten. Eine letzte bauliche Veränderung brachte ein starkes Gewitter im Jahr 1930, infolge dessen der Dachreiter wieder errichtet wurde. Heute gehört die Kirche der Stadt Mühlacker und wird für Konzerte genutzt.

Burg Löffelstelz
Enzstraße 69
75417 Mühlacker

Die Burg Löffelstelz

Die Burg Löffelstelz ist die Ruine einer Höhenburg in Dürrmenz, einem Stadtteil von Mühlacker. Die erstmalige Nennung eines Herren von Dürrmenz fällt ins Jahr 1282 und bezeichnet einen „Henricus de Dürmenze". Dieser entstammte wohl den Herren von Niefern und gab sich nach dem Kauf von Dorf und Burg einen neuen Namen und führte in der Folge den Titel „von Dürrmenz".

In der zweiten Hälfte des 14. Jahrhunderts begann die allmähliche Veräußerung der Dürrmenzer Güter und Rechte. Vor allem das nahe gelegene Kloster Maulbronn, das schon einige Teile an der Burg Löffelstelz besaß, erwarb zu dieser Zeit einen großen Anteil. Auch der pfälzische Kurfürst Ruprecht erwarb Anteile, welche an den Dürrmenzer Adel als Lehen wieder zurückverliehen wurde. 1482 verkaufte ein Heinrich von Dürrmenz die letzten Güter des Dürrmenzer Adelsgeschlecht an Maulbronn, wodurch die Burg Löffelstelz in das gänzliche Eigentum des Klosters fiel. Die Burg Dürrmenz wurde nach baugeschichtlicher Analyse um 1220–1230 auf den Resten einer älteren Vorgängerburg errichtet, die womöglich bereits im 11. Jahrhundert entstand. Die nun errichtete Schildmauer besaß eine Mauerstärke von 2,7–2,8 m. Die Burg Löffelstelz besaß eine innere Fläche von etwa 29,5 mal 21,5 m und ihr Eingang befindet sich an der südlichen Wehrmauer. Im späten Mittelalter erhielt der Bau eine Aufstockung mit einem weit über dem Mauerwerk herausragenden Fachwerkobersgeschoss. Möglicherweise bildet die Westfront der Burg Löffelstelz nach dem Wiederaufbau den Ort für Palas und Nebengebäude. Um 1500 brach in der Burg ein verheerender Brand aus, in dessen Folge die Gebäude der Burg zerstört wurde. Da sich kaum Überreste von Alltagsgegenständen in der Brandschicht finden lassen, könnte es sich eine bewusste Zerstörung gehandelt haben. Der württembergische Herzog Ulrich ließ im Rahmen eines Kriegszugs im Bayerisch-Pfälzischen Erbfolgekrieges die Burg womöglich zerstören. Die Burg war später Bestandteil der sogenannten „Eppinger Linie. Im 19. Jahrhundert wurde die Burgruine nur noch als Steinbruch genutzt. 1902 und 1911 wurde der heutige Torbogen mit den drei Wappenschilden errichtet. Dank vieler Spenden und Zuwendungen konnte die Burgruine gekauft werden und zwischen 1905 und 1908 zur begehbaren Burganlage umfunktioniert werden.

Das Paradies der Klosterkirche Maulbronn
Kloster Maulbronn
Klosterhof 5
75433 Maulbronn

Das Paradies der Klosterkirche Maulbronn

Das Paradies der Klosterkirche Maulbronn gehört zu den für das Mittelalter architekturgeschichtlich bedeutendsten Objekten in Süddeutschland. Es bildet ein Schlüsselobjekt des Übergangs von der Romanik zur Gotik um 1200. Um 1210 ist der Magdeburger Dom eines der ersten Bauwerke mit gotischen Elementen in Deutschland, etwa zeitgleich um 1230 werden St. Elisabeth in Marburg und die Liebfrauenkathedrale in Trier errichtet. Genau in diese Zeit fällt das Maulbronner Paradies, etwa um 1210, eher aber 1220. Interessanterweise sind die besonderen Gewölbelösungen, also das Resultat der Auseinandersetzung um die verschiedenen Übergänge von Wand- und Pfeilerelementen zur Deckenkonstruktion gerade im Magdeburger Dom und in Maulbronn beinahe identisch. Daraus schlussfolgerte man eine Verbindung der Bauleute bzw. des Baumeisters, was bis heute jedoch nur unzureichend geklärt werden kann. Den Baumeister des Paradieses von Maulbronn bezeichnet man, gemäß seinem Werk, als den „Paradiesbaumeister“. Seine architektonische Formensprache lässt ihn um 1200 nach Burgund verorten, was auch in Bezug auf die Klostergeschichte Maulbronns durchaus naheliegend sein kann. Die Funktion des Paradieses wird heute leider meist falsch wiedergegeben. Die Bedeutung als Taufvorhalle, also zur Taufvorbereitung, dem Katechumenat, ist vor allem für die spätantiken und östlichen Kirchen von Bedeutung. Für hoch- und spätmittelalterliche Klosterkirchen ist die liturgische Hauptfunktion die Bereitstellung eines Ortes für einen Prozessionsbeginn und - Abschluss. Gerade für die Zisterzienster, deren Liturgie im 13. und 14. Jahrhundert immer umfangreicher wurde, spielten solche pragmatischen Erwägungen zur Prozession eine wichtige Rolle. Man benötige eine Vorhalle, wo sich die Prozessionsteilnehmer sammeln konnten. Eine Funktion als „Zuhörerort“ für Nicht-Ordinierte, als Sammelort für Asylsuchende oder anderes wird vielerorts, gerade im Internet, aber auch in der Literatur, postuliert: Dafür gibt es aber keine Quellen. Das Maulbronner Paradies gehört durch sein Lichtspiel und die aus dem 12. Jahrhundert stammende Klosterportaltür aus Tannenholz zu den beeindruckendsten Bauteilen eines mittelalterlichen Gebäudes in Süddeutschland.

St. Barbara Langen-
steinbach
Römerstraße 16
76307 Karlsbad

St. Barbara Langensteinbach

Mönche des Klosters Herrenalb gründeten 1330 hier eine Kapelle, aus der sich ab 1430 ein rege besuchter Wallfahrtsort entwickelte. Im Mittelpunkt der Barbara-Wallfahrt nach Langensteinbach stand ein wunderbewirkendes Bildnis der heiligen Barbara. Die Wallfahrt existierte trotz der Reformation noch einige Jahrzehnte fort, bis sie kurz nach 1600 endgültig erlosch. Sowohl im pfälzischen Erbfolgekrieg (1690er Jahre) als auch im spanischen Erbfolgekrieg (1707) erlitt das Gebäude erhebliche Beschädigungen. Obgleich die Kapelle 1724 wieder instand gesetzt wurde, gab man sie 1730 bereits wieder als kirchliches Gebäude auf. In der Folge diente die Kirche als Steinbruch für den Ort Langensteinbach und wurde zur Ruine. Die letzte größere Beschädigung erlitt das Gebäude während der napoleonischen Zeit, als französische Soldaten die verbliebenen Bleiplatten aus dem Turm entnahmen. Im Zuge der „Ruinenromantik" des 19. Jahrhunderts erfuhr die Kapelle wieder zunehmende Beliebtheit und wurde 1903 in Teilen saniert. Die letzten Maßnahmen zur Rettung der Bausubstanz fanden 2009 statt.

Kelter in Ellmendingen
Weinbergstraße 28
75210 Keltern

Die Kelter in Ellmendingen

Seit dem 18. Jahrhundert war die Alte Kelter in Ellmendingen ein offener Holzbau mit Krüppelwalmdach und wurde erst später im 19. Jahrhundert durch mannshohe Latten abgeschlossen. Zwischen 1758 und 1760 entstand das steinerne, zweigeschossige Kelterstübchen an der südlichen Schmalseite. Die Zimmermannsarbeit führte ein Dietrich Stephan Jung durch. Über dem Torbogen des Eingangs zu dem Anbau sind zwei alte Inschriften angebracht. Die alten Torkeln wurden im Jahre 1928 an Ellmendinger Handwerker verkauft, was zweifellos einem großen Verlust gleichzusetzen ist. Der Genauigkeit halber sei erwähnt, dass die jetzige alte Trotte nicht aus Ellmendingen stammt, sondern in den 60er Jahren von Dietenhausen erworben wurde. Kommt man an der alten Kelter vorbei, so hat man, ob man will oder nicht, den Geruch eines guten Ellmendinger Weines in der Nase. Die Alte Kelter Ellmendingen gehört zu den am besten erhaltenen Keltergebäuden der Region und ist eine Besichtigung wert. Nicht weit weg beginnen die Ellmendinger Weinberge, die zu einem sommerlichen Spaziergang einladen.

Andreaskirche in Dietlingen
Am Pfarrgarten 3
75210 Keltern

Die Andreaskirche in Dietlingen

Die erste urkundliche Erwähnung Dietlingens stammt aus dem Jahr 1072. Die Dietlinger Kirche gehört heute noch zu den eindringlichsten Beispielen einer Kirchenburg im Pforzheimer Raum. Ihre imposante erhöhte Lage und die gut erhaltene Stützmauer verdeutlichen den wehrhaften Charakter der ursprünglichen Anlage. Die im Osten liegenden Wehrmauern haben sich bis in die Gegenwart außergewöhnlich gut erhalten und auch insgesamt umschließen die Wehrmauern das gesamte Areal noch heute, wobei im westlichen Bereich die Mauer bis auf die Stützwand weitestgehend abgetragen wurde. Die Anfänge der Dietlinger Kirche sind im Hochmittelalter und damit in der baugeschichtlichen Phase der Romanik zu suchen - die heute sichtbare Gestalt des Gebäudes ist jedoch in Gänze ein Resultat der Bautätigkeiten des 15. Jahrhunderts. Eine Urkunde des Jahres 1473 erwähnt die Finanzierung eines Pfarrhauses durch Reinhart von Leiningen-Westerburg. Möglicherweise ist diese Erwähnung im Zusammenhang mit der gesamten Baumaßnahme zu sehen, sodass die Bauzeit einigermaßen eingegrenzt werden kann. Die farbige Fassung der Wappensteine im Chorraum ist nicht erhalten geblieben und bildet daher keinen Anhaltspunkt für die Datierung des Gebäudes über die Besitzer und Auftraggeber.

Die weitere bauhistorische Entwicklung der Kirche stellt sich vergleichsweise einfach dar. Nach einiger Stagnation im 17. Jahrhundert bedurfte die Kirche aus Gründen der Platznot durch die gestiegene Bevölkerungszahl einer Vergrößerung. Im Jahr 1785 wurde Dietlingen daher, wie viele andere Kirchen der Region (z.B. Nöttingen) nach Norden durch einen klassizistischen, äußert profan wirkenden Anbau erweitert. Als 1956 wiederum eine Raumnot bestand und die Kirche ohnehin in keinem guten baulichen Zustand war, entschied man sich zum Bau einer spiegelgenauen Kopie der nördlichen Erweiterung von 1785 auf der südlichen Seite. So wurde die Kirche 1956 wieder in eine symmetrische Form gebracht. Zwei Jahrzehnte später wurde das Bauwerk schließlich restauriert, wobei im Chorraum Malereien freigelegt wurden. Diese wurden im Zuge der Restaurierung von 1975 und 1976 wieder überdeckt. Im Zuge der Erweiterung der Kirche wurde 1976 das Innere der Kirche gänzlich umgestaltet. Hierzu wurden die hölzernen Emporen von 1821 entfernt und an deren Stellen Emporen aus Beton eingezogen.

P

St. Michael Gräfenhausen
Kirchstraße 5
75217 Birkenfeld-Gräfenhausen

St. Michael Gräfenhausen

Die Pfarrkirche St. Michael in Gräfenhausen im Nordschwarzwald zählt zu den spannendsten Sakralbauten der Region. Höchstwahrscheinlich war die Kirche mit den umliegenden, verbliebenen Mauerzügen einst die Stammburg der Grafen von Straubenhardt, wichtige Lehensnehmer der Familie von Calw und äußerst bedeutsam für die Erschließung des Schwarzwaldes und den Aufbau von pfarrrechtlichen, kirchlichen Strukturen. Gräfenhausens Kirche, wohl im 12. Jahrhundert gegründet, bildete vermutlich einen Mittelpunkt der kirchlichen Erschließung zwischen Pforzheim und Herrenalb. Im 15. Jahrhundert wurde die Kirche reichhaltig ausgemalt, wobei die spätgotischen Fresken erst bei einer Renovierung im 20. Jahrhundert wieder entdeckt wurden. Einschneidend waren die Umbaumaßnahmen des 18. Jahrhunderts, im Zuge dessen zwei mittelalterliche Wandseiten der Kirche, und damit auch die Malereien, verschwanden und die Tonnendecke eingezogen und die heutige Fassade gestaltet wurden. Aber auch der Rest der Kirche und Ausmalung bleibt beeindruckend. Erwähnenswert ist auch der römische Viergöttestein an der Südwestecke des Kirchturms. Er stammt aus dem 2. Jahrhundert nach Christus und wurde wohl christlich neu interpretiert und gelangte so im Mittelalter an diese Stelle.

St. Pankratius Niebelsbach
Kapellenstraße
75210 Keltern

St. Pankratius Niebelsbach

Keine Kapelle genießt in der Region Pforzheim und Karlsruhe eine größere Beliebtheit als St. Pankratius Niebelsbach. Die im 12. Jahrhundert gegründete Kirche wurde Ende des 15. Jahrhunderts nochmals ausgebaut. Ihre Besonderheit liegt an der Lage unmittelbar an mehreren Brunnen, die unter der Kirche im Sinne der „Paradiesströme" zum Altar hin geleitet werden. Zudem verfügt die Kirche im Inneren über Wandmalereien, ein barockes Holzblockgestühl und einen evangelischen Beichtstuhl, was im Schwarzwald keine Seltenheit ist, da hier bis um 1900 die sogenannte lutherische Ohrenbeichte praktiziert wurde. Nach der Reformation behielt die Kapelle aufgrund ihrer Zugehörigkeit zum Kloster Frauenalb ihre Funktion. Später war sie ab dem 18. Jahrhundert Filialkirche von Gräfenhausen und wird auch heute von Herrn Pfarrer Kraft aus Gräfenhausen mitbetreut. St. Pankratius Niebelsbach gehört zu den atmosphärisch interessantesten Orten der Region. Verständlicherweise ist sie heute ein beliebter Ort für Trauungen.

Rathaus Königsbach
Marktstraße 15
75203 Königsbach-Stein

Das Rathaus Königsbach

Das Rathaus in Königsbach zählt zu den schönsten Fachwerkhäusern der weiten Region. Gemeinsam mit Stein bildet es ein seltenes Beispiel solcher Ratsarchitekturen aus dem 16. bzw. 17. Jahrhundert. Der stattliche Fachwerkbau am Marktplatz wurde im 17. Jahrhundert errichtet und 1914 bereits einmal umfänglich saniert. Das vortretende Obergeschoss mit reichem Fachwerk ruht auf fünf profilierten Holzsäulen mit Knaggen. An der mittleren Säule befindet sich eine Gedenktafel für den in Königsbach geborenen Baumeister Hans Schoch. An der linken Säule befindet sich ein Halseisen eines Prangers. Auf der Haube des Dachreiters ist die Personifikation der Gerechtigkeit mit Schwert und Waage angebracht.

Die Burg in Stein
Marktplatz 8
75203 Königsbach-Stein

Die Burg in Stein (Königsbach-Stein)

Das Wasserschloss in Stein wird 1377 und 1388 erstmals erwähnt. In einer „vor der Burge in dem Gertlin“ 1390 aufgenommenen Urkunde, in der über Grechtsame im Rittnerswald entschieden wird, beziehen sich die Einwohner auf Kalk, „damit man den Vorhoff muret zu Stein“. Das feste Wasserschloss von Stein gelangte durch den Kriegszug des Königs Ruprecht von der Pfalz gegen Bernhard I. von Baden 1403 zur Berühmtheit. Am 04. April drang die Reichsarmee, die hauptsächlich aus Pfälzern und Württembergern bestand, mit dem König von Unteröwisheim und Bretten her kommend nach Stein und Königsbach. Bis zum 9. April lag die Armee vor beiden Burgen, Stein und Königsbach, und war nicht imstande sie einzunehmen. Das königliche Aufgebot kehrte dann mit dem Pfalzgrafen unverrichteter Dinge nach Heidelberg zurück. Im Jahre 1731 ist die Rede vom Schlossgraben-Platz, welcher der markgräflichen Herrschaft gehörte. Die Nutznießer sollten eine jährliche Abgabe für diesen Platz leisten. Zu diesem Zeitpunkt befand sich die Wasserburg bereits im Niedergang.

Vom mittelalterlichen Wasserschloss ist außer den äußeren Befestigungsanlagen jetzt nichts mehr vor- handen, von den späteren Bauphasen nur noch der Bergfried. Dieser ist in seiner jetzigen Gestalt jedoch nicht früher als in den Anfang des 16. Jahrhunderts zu datieren.

Lage inmitten des schönen Ortes und in der Umschirmung des Bewuchses äußerst erhaltenswert und ein Kulturdenkmal besonderer Güte. Hoch oben erkennt man zur Marktseite das vermauerte Einstiegsloch, dessen Gewände in einem schwachen Spitzbogen schließen. Das Innere wurde durch die Umwandlung in Gefängniszellen in der Neuzeit stark verändert. Die alte Stockwerkseinteilung ist ebenso wenig erhalten wie die originale Fenstersituation. Der Turm war einst höher als der jetzige Dachansatz. An der Südostecke, dort wo der untere Zugang mit schwerer Eichentür eingebrochen ist, befindet sich ein Maueransatz, der im Verbindungsbau zum Pfarrhaus steckt. Womöglich handelt es sich um den restlichen Teil einer früheren Schildmauer. Dieser Zwischenbau war den Spuren der Dachlinien zufolge früher deutlich höher.

Ein nach Nordwesten anschließender Flügelbau, der unter anderem ein Gefängnis beinhaltete, wurde im 19. Jahrhundert abgebrochen. Im Südwesten der Burg befindet sich das alte Amtshaus, das seit 1825 als Pfarrhaus genutzt wird. An dieser Stelle befand sich wohl einst der Palas der Burg.

Schloss Bauschlott
Am Anger 70
75245 Neulingen

Das Schloss Bauschlott

In Bauschlott befindet sich ein Schloss, das von 1726 bis 1918 durch die Familie von Baden als Jagd- und Sommerresidenzschloss genutzt wurde. Es diente ebenso zur Erziehung und zum Rückzug der Kinder der Familie Baden. Kurz nach 1530 erschuf der Pforzheimer Patrizier Eglof von Wallstein das erste Schloss an dieser Stelle. Es befand sich an der heutigen Stelle des Brunnens im Innenhof. Dieses wechselte in der Folge mehrfach den Besitzer, wurde aufgeteilt, umgebaut und kam schließlich erst wieder Ende des 17. Jahrhunderts durch Aufkauf in eine Hand. Die Familie von Schell hatte sich in den Kriegen des 17. Jahrhunderts als fähige Militärs hervorgetan und nutzte das Schloss bis 1726. Aus der Zeit bis 1726 ist heute nur eine Sache erhalten: der Brunnen im Schlosspark von um 1720. 1726 erwarb schließlich Karl Wilhelm von Baden-Durlach das Schloss, da – 11 Jahre nach Gründung von Karlsruhe – Bedarf nach einem Jagdschloss bestand. In der Folge diente Bauschlott als markgräfliches Jagdschloss und wurde in diesem Sinne ausgebaut. 1748 wurde der Marstall errichtet, in dem heute Feste wie Hochzeiten abgehalten werden, 1764 folgte der Cavaliersbau, wo heute das Klotz Verlagshaus mit dem Schlosscafé untergebracht sind, 1780 der Verbindungstrakt im Osten. Schließlich wurde 1806 Friedrich Weinbrenner damit beauftragt, auch das Haupthaus zu erneuern. Das alte Schloss wurde abgerissen und das heutige Haupthaus wurde um etwa 30 Meter nach Westen versetzt errichtet. Deutlich erkennbar ist die Mischung aus englischem Konzept und dem Stil norditalienischer Villen, wie Friedrich Weinbrenner beides kennengelernt hatte, als er mit dem vor allem in England beliebten Stil des „Palladianism“ in Berührung kam. Das Bauvorhaben war 1809 abgeschlossen. Zuletzt entwarf Weinbrenner noch den Wirtschaftshof im Osten sowie den englischen Landschaftsgarten.

Fachwerkanger Bauschlott
Am Anger
75245 Neulingen

Der Fachwerkanger Bauschlott

Kaum ein Ort der Region Karlsruhe und Pforzheim verfügt über ein ähnlich intaktes, historisches Ortsbild wie Bauschlott. Der Anger, in seiner Form in der Region einmalig, verfügt über Fachwerkbauten aus fünf Jahrhunderten. Das älteste Fachwerkhaus stammt von 1442, das jüngste aus der Zeit nach dem Zweiten Weltkrieg. Wer also Freude an schönen Fachwerkhäusern hat, sollte mit dem Rad durch den Ort fahren oder ihn zu Fuß erkunden. Bei der Betrachtung der Fachwerkhäuser fällt auf, dass diese in Bauschlott recht groß sind. Dies hängt, zumindest für die seit dem 18. Jahrhundert umgebauten Häuser, mit dem Bedeutungszuwachs des Ortes als sommerliche Residenz der Familie von Baden zusammen. In etlichen Häusern des Ortes siedelten sich Handwerker, Händler und Bedienstete an, die mit den Abläufen im Schloss zu tun hatten.

Kelter in Eisingen
Kelterstraße 13
75232 Eisingen

Die Kelter in Eisingen – Einst eine Burg?

Ist das Eisinger Burgareal bis heute womöglich durch die Überbauung bzw. Umnutzung in einen Kelterbau im Jahr 1556 erhalten geblieben? Die Suche nach dem Standort der Eisinger Burg (Sitz des Adelsgeschlechts der „Herren von Ysingen“) ist schwierig – die Quellenlage und archäologische Spurenlage ist so spärlich, dass kaum Aussagen getroffen werden können. Auf Luftbildern entdeckte Michael Oesterle aber an der höchsten Stelle von Eisingen geometrische Grundrisse (Hochbehälter Forchen 2). Diese wurden zwar als Fund gewertet (evtl. Kapelle/kirchliche Stiftung), konnten aber als Burganlage von Eisingen ausgeschlossen werden. Burgen des Ortsadels befanden sich im Hoch- und Spätmittelalter für gewöhnlich direkt am Ort – zumeist am Ortsrand auf erhöhter Lage. Nach Auswertung alter Karten erkannte Michael Oesterle, dass die jetzige „Alte Kelter“ den höchsten Punkt im alten Ortsbild darstellte und auffällig aus dem Ortsbild entrückt schien.

Diese geographische Beobachtung korrelierte mit einer zweiten Feststellung: das Aussterben des Eisinger Adelsgeschlecht um 1550 fiel zusammen mit dem Beginn des Kelterbetriebs in Eisingen. Womöglich wurde auf dem Burgareal mit seinen kräftigen Außenmauern und Stützpfeilern die jetzige Kelter errichtet. Die lokale Topographie lässt den Standort der Kelter als äußert ungünstig im Hang erscheinen. In unmittelbarer Nähe gibt es plateauartige Hangterrassen, die zur Neuanlage einer Kelter hätten genutzt werden können. Stattdessen ruht die Kelter auf außergewöhnlich mächtigen Fundamenten in seltsamer Hanglage. Es gab schon vor 1556 eine Kelter - evtl. an einer anderen Stelle (siehe Ortschronik von H. Schönleber). Die topografische Lage dieser jetzigen Kelter am Hang und der dadurch nötigen Stützmauer, ist ungewöhnlich wo es doch in unmittelbarer Nähe Möglichkeit zu einer einfacheren Errichtung gegeben hätte.

Da eine genaue Feststellung nur durch aufwändige Grabungen erbracht werden kann, muss die Beobachtung lediglich eine Hypothese bleiben. Womöglich aber befand sich bei der einstigen Kelter vor 1556 ein Bauwerk der „Ysinger“.

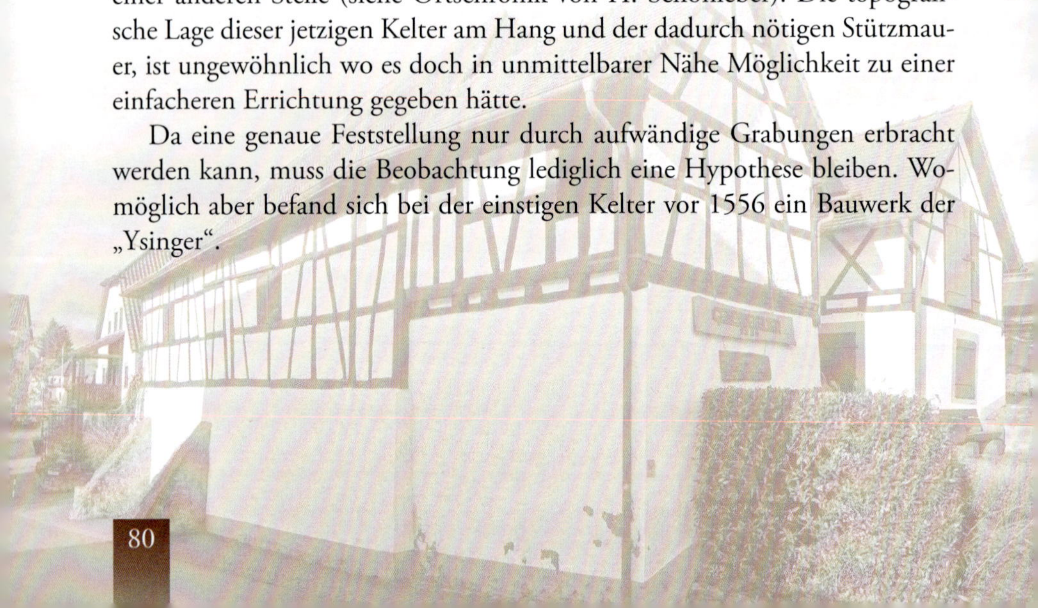

GEMEINDEKELTER
1536
450 JAHRE

Burg, Schloss und Stadt Gochsheim
76703 Kraichtal-Gochsheim

Burg, Schloss und Stadt Gochsheim

Das Schloss befindet sich über einer älteren Burganlage - auf einer Anhöhe westlich oberhalb des Kraichbachs. Bei der mittelalterlichen Burg entstand schon früh der 1278 erstmals als Oppidum (Stadt) bezeichnete Ort Gochsheim. Die Burg war unter wechselnden Lehensherren im Besitz der Grafen von Eberstein, die das Schloss ab 1520 neu errichten ließen. Bis in die 1580er Jahre hinein entstand so eine einzigartige Anlage im Stile der Renaissance – bestehend aus dem kleinen „Vorderen Schloss" sowie dem größeren „Hinteren Schloss". Nach dem frühen Tode Casimirs von Eberstein 1660, der keine männlichen Nachkommen hinterließ, kam der Ebersteinsche Besitz über seine Tochter Albertina Sophie Ester († 1728), die mit Friedrich-August von Württemberg-Neuenstadt († 1716) verheiratet war, an das Haus Württemberg. Durch die Zerstörung der Stadt im Jahr 1689 im Pfälzischen Erbfolgekrieg und einem verheerenden Stadtbrand im Jahr 1739 wurde auch das Schloss zweimal schwer Mitleidenschaft gezogen. Bis 1829 wurde das größere „Hintere Schloss" abgetragen. Das „Vordere Schloss" gelangte in das Eigentum der Stadt Gochsheim und erfuhr auf diese Weise eine Reihe öffentlicher Nutzungen – u.s. als Schule. Nachdem 1905 eine neue Schule errichtet wurde, entfiel diese Verwendung für das Schloss. Es wurde daraufhin umgestaltet und umgebaut und erhielt somit seine heutige Gestalt.

Stadtkirche Karlsruhe
Kreuzstraße 13
76133 Karlsruhe

Die Stadtkirche Karlsruhe

Die evangelische Stadtkirche Karlsruhe wurde unter Großherzog Karl Friedrich nach den Plänen von Friedrich Weinbrenner errichtet. Die Grundsteinlegung erfolgte am 08. Juni 1807, die Einweihung am 02, Juni 1816. Auf die Gestalt der Kirche nahm der Großherzog großen Einfluss. Seine Wünsche verbanden sich mit den Erfahrungen, die der Architekt Weinbrenner im Zuge seiner Ausbildung in Italien gemacht hatte. Die Form der Kirche orientiert sich daher an einem römischen Tempel, ein Portikus aus korinthischen Säulen mit einer Emporenvorhalle ziert die Frontfassade. Der Glockenturm ist rückversetzt und fällt trotz seiner knapp 62 Meter kaum auf. Zu dominant wirkt die klassizistische, an die antike Architektur angelehnte Front. Eine Besonderheit bilden auch die Treppen. Sie verschwinden zwischen den Säulen und ragen nicht auf den Platz. Dies hatte Weinbrenner in Rom am Tempel des Vespasian erstmals gesehen und hierher übertragen.

Im Zweiten Weltkrieg erlitt die Kirche größere Schäden, sodass sie erst 1958 nach umfangreicheren Baumaßnahmen wieder eröffnet werden konnte. Im Zuge dessen wurde die Kirche im äußeren Bild wiederhergestellt, aber im Inneren gänzlich erneuert.

Stephanienkirche Karlsruhe
Erbprinzenstraße 14
76133 Karlsruhe

St. Stephan Karlsruhe

Die katholische Pfarrkirche St. Stephan prägt das Stadtbild Karlsruhes – und doch hat man die Kirche als Sehenswürdigkeit oftmals nicht auf dem Schirm. Zu selbstverständlich ist sie im Stadtbild Karlsruhes geworden. 1807 schenkte der Großherzog Karl Friedrich der katholischen Gemeinde der Stadt dieses Grundstück sowie Gelder aus dem Nachlass der katholischen südbadischen Linie, deren Territorium seit 1771 wieder mit dem evangelischen Nordbaden vereinigt war. Der Bau der Kirche begann 1808 und damit ein Jahr nach dem Bau der evangelischen Stadtkirche am Marktplatz. Architektonisch stellt sie ein Gegenstück zum antikisierenden evangelischen Kirchenbau im Stadtzentrum dar – denn auch St. Stephan bedient sich eines prominenten Bauwerkes als Vorbild: der Pantheon in Rom. 1818 war das Bauwerk fertig und wurde geweiht, bis 1850 kamen noch an allen vier Ecken den Kuppelbau einrahmende Bauten hinzu, die allerdings bei den Luftangriffen 1944 zerstört und schließlich nicht wieder aufgebaut wurden. Das Bauwerk zählt zu den architekturgeschichtlich bedeutendsten Bauwerken im Südwesten. Das Patrozinium des Stephanus ist auf die Ehefrau des Großherzog Karl Ludwig, Stéphanie de Beauharnais (1789-1860), zurückzuführen. Erwähnenswert sind noch das Triptychon „Stephanus und die Heilsgeschichte“ des Künstlers Emil Wachter von 1963 sowie das Gemälde von Marie Ellenrieder (1791-1863) mit einer Darstellung des Martyriums des Heiligen Stephanus.

Botanischer Garten Karlsruhe
Hans-Thoma-Straße 6
76131 Karlsruhe

Der Botanische Garten Karlsruhe

Zwischen Kunsthalle, Wintergarten und Orangerie, unmittelbar hinter dem Verfassungsgericht, befindet sich der Botanische Garten von Karlsruhe. Er gehört zu den besonderen Orten Karlsruhes, die sich ihr Gepräge des 19. Jahrhunderts bewahrt haben. Verwaltet wird die Anlage von Staatliche Schlösser und Gärten. Der unter Karl Wilhelm von Baden-Durlach in den 1720er Jahren angelegte „Hochfürstliche Lustgarten“ wurde kurz nach 1800 durch Markgraf Karl Friedrich in einen englischen Schlosspark umgewandelt. Im Zuge dessen fiel auch die Entscheidung für den heutigen Standort des Botanischen Gartens und so wurde Friedrich Weinbrenner mit dem Bau von Orangerie, Aufzuchthäusern und weiteren Bauwerken beauftragt, die allerdings – da sie aus Holz errichtet waren – schon nach kurzer Zeit baufällig wurden. Gegen Mitte des 19. Jahrhunderts wurde daher sein Schüler Heinrich Hübsch unter Großherzog Friedrich I. (1826-1907) mit der Neugestaltung des Gartens beauftragt. Die historisierenden Bauwerke, welche sich im Bereich der Nutzgebäude vor allem durch aufwändige Stahlkonstruktionen auszeichnen, sind bis heute größtenteils erhalten geblieben. Das bekannteste jener Bauwerke ist die Kunsthalle Karlsruhe, welche den Botanischen Garten im Westen begrenzt. Auch dieses Gebäude geht auf den Architekten Heinrich Hübsch zurück, der es 1836 bis 1846 errichtete. Franz Xaver Reich (1815-1881) schuf die Skulpturen an der Balustrade, welche die Allegorien der Malerei und der Bildhauerei repräsentieren. Ebenso schuf er den reichhaltigen Fassadenschmuck, dessen Skulpturen und Reliefs Verweise an jene Künstler darstellen, welche zur Bauzeit als entscheidend für die Kunstgeschichte angesehen wurden (Dürer, Michaelangelo, Raffael, Hans Holbein etc.).

Schloss Karlsruhe
Schloßbezirk 10
76131 Karlsruhe

Das Schloss Karlsruhe

Das Karlsruher Schloss bildet den geographischen Mittelpunkt der 1715 in Form eines Fächers angelegten Stadt. Entsprechend der absolutistischen Anschauungen der Zeit sollte das Stadtbild mit seinen auf den Herrschersitz zulaufenden Straßen die Macht des Fürsten auch optisch illustrieren. Karlsruhe bildet hierfür eines der am besten erhaltenen städtebaulichen Beispiele in Europa. Im Zentrum dieses groß angelegten Stadtgründungsvorhabens steht das Schloss. Es wurde – wie die Stadt – 1715 begonnen und musste bereits wenige Jahre später erneuert werden, da die oberen Etagen aus Holz errichtet und baufällig geworden waren. Nachdem die ersten Baumaßnahmen von Jakob Friedrich von Batzendorf geleitet wurden, wurden seit 1746 für die anstehenden Baumaßnahmen Entwürfe von Balthasar Neumann herangezogen. Seine Pläne wurden durch Friedrich von Kesslau umgesetzt. Diese umfangreichen Ertüchtigungen des Schlosses waren 1770 abgeschlossen, wodurch das Bauwerk seine auffällig großen Fenster erhielt. Bis 1918 diente das Schloss als Residenz der Familie von Baden, die 1919 abdanken musste. Daraufhin zog 1919 das Badische Landesmuseum in die Räume des Schlosses. Bei den Luftangriffen auf Karlsruhe 1944 wurde das Schloss bis auf die Außenmauern gänzlich zerstört. Das noch im Schloss befindliche Inventar sowie die Innenräume gingen gänzlich verloren. Von 1955 bis 1966 wurde das Schloss als Museum wiedererrichtet und beherbergt seither wieder das Badische Landesmuseum.

Verfassungsgericht Karlsruhe
Schloßbezirk 3
76131 Karslruhe

Das Bundesverfassungsgericht Karlsruhe

Was man oft nicht auf dem Schirm hat, sind Gebäude der Nachkriegszeit. So verfügen Stuttgart, Karlsruhe und Pforzheim über beachtliche Beispiele der Architektur der 50er und 60er Jahre. Ein besonderes Beispiel ist das Bundesverfassungsgericht in Karlsruhe. 1960 stellten Stadt und Land den Standort des im Krieg abgebrannten Hoftheaters zur Verfügung, 1965 bis 1969 erschuf Paul Baumgarten fünf Pavillons aus Glas, Beton und Holz. Was zunächst Aufsehen erregte, ist heute nicht wegzudenken. Das Verfassungsgericht, ein großartiges Resultat deutscher Rechtsgeschichte nach 1945, ist also nicht nur ein institutioneller Garant für die Stabilität des Staatswesens, sondern zugleich in einem beeindruckenden Gebäude untergebracht, das eine besondere Leichtigkeit vermittelt. Welch großartige baupolitische Aussage ist es, die mächtigste Institution eines Landes bescheiden unterzubringen und nicht etwa repräsentative Großbauten hierfür zu errichten!? Es ist diese frühe bundesrepublikanische Zurückhaltung, die half, nach 1945 wieder Zugang und Freundschaften in der Welt zu finden. Nirgendwo drückt sich die Bedeutung der Architektur für die frühe Bundesrepublik augenfälliger aus als hier in Karlsruhe – nicht einmal in Bonn. Unmittelbar dahinter befindet sich der Botanische Garten mit der Kunsthalle Karlsruhe, der wohl schönsten Perspektive auf das Gerichtsgebäude. Auch ein Blick ins Innere lohnt zu den möglichen Besuchszeiten oder Führungen nach dieser Krise. Das Verfassungsgericht beherbergt eine beachtliche Kunstsammlung des 20. und 21. Jahrhunderts.

Karlsburg Durlach
Pfinztalstraße 9
76227 Karlsruhe

Die Karlsburg in Durlach

Die Entstehungsgeschichte des Durlacher Schlosses zerfällt in mehrere Bauperioden. Der erste Bau war das Jagdschloss, das unter Markgraf Ernst zwischen 1515 und 1530 erbaut wurde. Danach folgte der Ausbau zum Residenzschloss, hervorgegangen aus Umbau und Erweiterung von 1563 bis 1565 unter Markgraf Karl II. Ein nochmaliger Ausbau erfolgte um 1580 unter Markgraf Ernst Friedrich. Maßgeblich war schließlich der Wiederaufbau nach der Zerstörung von 1689. Die neue Karlsburg wurde unter Markgraf Friedrich Magnus 1698 begonnen und 1702 beendet. Dies geschah nach dem Entwurf von D. R. Rossi und der wurde durch den Baumeister Giovanni Mazza ausgeführt. Prägend war schließlich die Umgestaltung des Schlosses in der Nachkriegszeit; 1964 wurde ein Flügel abgerissen, um für die Schlossschule Platz zu schaffen. Das Schloss wurde von 1973 bis 1988 aufwändig renoviert. Heute beheimatet die Karlsburg unter anderem das Durlacher Standesamt, das Pfinzgaumuseum, das Karpatendeutsche Museum, Schulräume für die Volkshochschule und das Markgrafen-Gymnasium, den historischen Festsaal und die Durlacher Bibliothek.

Die Gestalt der mittelalterlichen Tiefburg kann heute ebenso wenig genau bestimmt werden wie die Zeit, zu der sie in die Stadtumwallung einbezogen wurde. An ihrer Stelle erbaute Markgraf Ernst (1515-53), der Begründer der Baden-Durlacher Linie, ein Jagdschloss, das schon 1532 in einem Durlacher Lagerbuch genannt wird. Auch diese Schlossanlage besteht nicht mehr. Das alte, heute sichtbare Mauerwerk, das von Neubauten verdeckt wird, gehört dieser frühen Zeit an. Die Lage am Graben und dessen Verlauf lässt als Hauptbestandteil zwei stumpfwinklig aneinanderstoßende Bautrakte vermuten.

Markgraf Karl II. (1553-77) verlegte 1565 seine Residenz von Pforzheim nach Durlach. Es folgten unzählige Umbaumaßnahmen und ein Neubauversuch nach der Zerstörung im Pfälzischen Erbfolgekrieg. Die Karlsburg sollte nie vollendet werden. Durch die Gründung Karlsruhes und die Verlagerung der Residenz in das neue Schloss verloren Durlach und das Schloss ihre Bedeutung. Dennoch gehören die Karlsburg und ihre Baugeschichte zu den spannendsten Feldern der Schlösserforschung im Nordschwarzwald.

Turmberg Durlach
76227 Karlsruhe

Der Turmberg in Durlach

In knapp 260 Metern Höhe befindet sich die Ruine der einstigen Stammburg der Familie von Hohenberg. Dieses Adelsgeschlecht spielte eine große regionale Bedeutung im 12. und 13. Jahrhundert. Zwischen 1050 und 1100 wurde die Burg, zu dem die Turmbergruine gehört, errichtet. Das Erbe der Familien von Hohenberg traten die Grafen von Grötzingen an, deren Besitz wiederum an de Staufer und von diesen schließlich an das Haus Baden fiel. Im Jahre 1279 wurde die Anlage schließlich durch Bischof Konrad III. von Lichtenberg geschleift – übrig blieb nur der Bergfried, der seit dem 16. Jahrhundert als Wach- und Aussichtsturm genutzt wurde. Ab 1870 entwickelte sich der Turmberg zusehends zu einem beliebten Ausflugsziel für die Bürger der Stadt Karlsruhe und Durlachs. Daher wurde auch 1888 die Turmbergbahn, eine Standseilbahn, eingerichtet.

Das Schloss und Kloster Gottesau

Schloss und Kloster Gottesau
Am Schloss Gottesaue 7
76131 Karlsruhe

Graf Berthold von Hohenburg hat, wenn man sich auf eine Handschrift des 17. Jahrhunderts bezieht, 1094 in den Auen zwischen Berg und Rhein ein Kloster gegründet und es mit Besitz ausgestattet. Sieben Mönche aus Hirsau waren die ersten Bewohner, sie brachten die benediktinische Ordensregel mit, der sich Kloster Hirsau schon 1079 angeschlossen hatte und das zur Zeit der Gründung von Gottesaue schon eine große und weitreichende Bedeutung erlangt hatte. Kaiser Heinrich V. bestätigte der jungen Benediktiner- Niederlassung Immunität, deren Grenze ein Gebiet mit einem Radius von ungefähr 2,5 km um das Schloss einschloss. Rintheim und Beiertheim gehörten zum klösterlichen Gebiet. Außerhalb der Immunität wurden dem Kloster vom Stifter Besitz in Beiertheim, Knielingen, Staffort, Bauschlott, Berghausen, und Grötzingen zuerkannt.

Die Hohenberger Gaugrafen benannten sich nach der Burg auf dem Berg - dem heutigen Durlacher Turmberg. Sie haben das Kloster zu ihrer Grablege bestimmt. Nach dem Aussterben der Stifterfamilie kam die Klostervogtei in der ersten Hälfte des 13. Jahrhunderts an die Markgrafen von Baden.

Besitztum hatte das Kloster nach einer päpstlichen Bulle von 1260 nun auch in Durlach, Daxlanden, Eggenstein, Forchheim, Hagsfeld, Neureut, Spöck, Rüppurr, Söllingen, Weingarten, Wolfartsweier und darüber hinaus in der Pforzheimer und Ettlinger Gegend. Trotz der markgräflichen Gunst setzte der Abstieg des Klosters ein und hatte 1350 seinen tiefsten Punkt erreicht. 1525 brannte das Kloster vollständig ab und wurde geplündert. Markgraf Ernst Friedrich von Baden-Durlach ließ von 1588 bis 1597 auf dem Gelände nach den Plänen von Johannes Schoch ein Jagdschloss erbauen, das mehrmals erweitert und nach Bränden neu errichtet wurde. Im Jahr 1818 wurde das Gebäude zur Kaserne umgenutzt und 1919 wurde das Schloss sogar eine Mietskaserne. Nachdem es 1935 kurz als Polizei- und Gendarmerieschule diente, wurde es ab 1936 wieder als Kaserne genutzt. Bei einem Luftangriff auf Karlsruhe im Jahr 1944 wurde der Bau zerstört und brannte gänzlich aus. Ein Teil der Ruine wurde anschließend wegen Einsturzgefahr gesprengt. Der Wiederaufbau begann 1982. Äußerlich wurde das Schloss weitgehend im Stil des 16. Jahrhunderts wieder hergestellt. Hierzu wurden erhaltene Mauerreste sichtbar einbezogen. 1989 zog die Hochschule für Musik Karlsruhe ein.

Grötzingen – Die Augustenburg
Augustenburgstraße 22a
76229 Karlsruhe

Grötzingen – Die Augustenburg

Gegenüber dem Westturm der Pfarrkirche von Grötzingen am Beginn des Anstieges zum Turmberg liegt die Augustenburg. Den Grundstock des Bauwerkes bildete das von Markgraf Christoph von Baden im 15. Jh. angekaufte Pfründhaus der hl. Barbara. Die Hauptmauern dieses sogenannten „Hohen Hauses“ sind im Keller und hochgelegenen Erdgeschoss des heutigen Mittelflügels zwischen den Türmen erhalten. Markgraf Karl II. von Baden-Durlach (1553-1577) erweiterte das Gebäude zu einem Schloss durch Hinzufügung der beiden halbrund vorspringenden Türme an der Südost- und Nordostecke. Letzterer trägt die Jahreszahl 1564. ferner ließ er nach Westen zu zwei Flügel mit Korridoren an den Hofseiten ausführen, sodass eine nach Westen zu geöffnete Dreiflügelanlage entstand. Unmittelbar über dem Mittelportal der Ostfront wurde 1576 das Allianzwappen der Baden-Veldenz angebracht (Karls zweie Frau war die Pfalzgräfin Anna von Veldenz). Karl baute ferner auf der westl. Anhöhe ein Lusthaus, das 1827 durch einen Pavillon ersetzt wurde.

1676 schenkte Markgraf Friedrich Magnus das Schloss seiner Gemahlin Augusta Maria, geb. Prinzessin von Holstein-Gottorf, die 1681 das Allianzwappen Baden-Holstein über den Wappen von 1576 anbringen ließ. 1689 entging das „Hohe Haus“ als einziges Schloss der Markgrafschaft der Zerstörung durch die Franzosen, sodass Friedrich Magnus 1698 hier Wohnung nehmen konnte. Anschließend ließ Augusta Maria unter Leitung des Hofbaumeisters Thomas Lefèbvre das ganze Schloss ausbauen. Seit jener Ausbauphase heißt das „Hohe Haus“ Augustenburg. Die Markgräfin lebte hier bis zu ihrem Tode im Jahr 1728. 1746 erneuerte Steinhauer Michel die Fassadentreppe unter Benutzung der alten Stufen. Schon 1807 ging das Schloss in Privatbesitz über und 1874 wurde der nördliche Flügel bis auf ein Ansatzstück von zwei Fensterachsen abgetragen. 1891 erwarb der Maler Otto Fikentscher das Anwesen und machte aus dem Schloss einen kulturellen Mittelpunkt für Künstler. In Grötzingen, das nun allmählich den Ruf eines „Malerdorfs“ genoss, entwickelte sich ausgehend vom Schloss Augustenburg als Wirkstätte eine rege Malerkolonie. Während des Zweiten Weltkrieges wurden Zwangsarbeiter im Schloss untergebracht und nach Kriegsende diente es als Unterkunft von 700 Vertriebenen. Die Erbengemeinschaft des 1945 verstorbenen Otto Fikentscher verkaufte das Schloss 1962 an das Land Baden-Württemberg. Heute befindet sich im Schloss ein Pflegeheim. Seit 2018 wird das Schloss umfassend als Pflegeheim aus- und umgebaut.

Ev. Pfarrkirche Stafffort
Gartenstraße 31
76297 Stutensee

Die Ev. Pfarrkirche Staffort – Idealfall der Neugotik

Die evangelische Pfarrkirche in Staffort (Stutensee) nördlich von Karlsruhe ist eines der schönsten Beispiele der späten Neugotik in Deutschland. 1901 fertiggestellt, war sie ein unmittelbares Bauprojekt des Großherzogs von Baden. Er finanzierte das Vorhaben, die Pläne kamen ebenso aus Karlsruhe. Das Bauwerk wurde nicht nur im Stile der Neugotik erschaffen, sondern es flossen auch unzählige Elemente des Karlsruher Jugendstils mit hinein. Im Inneren wurde zudem eine Kopie eines Werkes des großen dänischen, klassizistischen Künstlers Thorvaldsen aufgestellt – der „Engel mit dem Taufstein". Die Kirche war für die Großherzöge bedeutsam. Zwar erstreckte sich Baden 1901 vom Bodensee bis nach Mannheim, doch bildet Staffort die historische Grenze der badischen, evangelisch-lutherischen Markgrafschaft. Um Staffort liegen Orte, die zu Speyer gehörten, also katholisch waren - oder wie alle Orte nördlich von Staffort nicht mehr lutherisch, sondern reformiert waren. Damit bildet Staffort einen sichtbaren, machtpolitischen Marker in der Landschaft. Hier beginnt Kernbaden, das im Selbstverständnis der Großherzöge trotz unierter Kirche lutherisch und markgräflich war. Deshalb finden sich an der Fassade auch Verweise zu den bedeutenden badischen Kirchen von Pforzheim, Karlsruhe und Baden-Baden. Staffort ist demnach ein zu Stein gewordenes Symbol der kaiserzeitlichen Baupolitik im Südwesten - und immer einen Besuch wert.

Schloss Ettlingen
Schlossplatz 3
76275 Ettlingen

Das Schloss Ettlingen

Im Zuge der Stadtbefestigung an der südwestlichen, abgerundeten Ecke der Altstadt entstand das Schloss Ettlingen. In der Entstehungsgeschichte des trotz seines immer wieder stark veränderten Zustandes im Ganzen wohlerhaltenen Ettlinger Schlosses sind drei wesentliche Bauperioden zu unterscheiden: Vom mittelalterlichen Bau blieb der Unterteil des „Hohen Turms" erhalten, wohl aus dem 14. Jahrhundert, übrige Teile sind kurz vor 1558 verbrannt. Danach folgte die Erbauung des heutigen Süd-, West- und Nordflügels von etwa 1546 bis zum Ende des 16. Jahrhunderts unter den Markgrafen Philibert, gestorben 1569, und Philipp II., gestorben 1588. Im pfälzischen Erbfolgekrieg brannte das Schloss schließlich 1689 aus. Die dritte Phase ist die Wiederherstellung und der Ausbau 1728-33 unter Markgräfin Sibylla Augusta von Baden-Baden, gestorben 1733, durch den Baumeister Johann Michael Ludwig Rohrer. In dieser Phase wurde auch der Ostflügel mit der Schlosskapelle hinzugefügt.

Die erste Erwähnung des Ettlinger Schlosses fällt in das Jahr 1412 im Testament des Markgrafen Bernhard I. Von diesem Bau, über dessen Formen nichts Näheres bekannt ist, steht nur noch an der Südostecke des Hofes der untere Teil des „Hohen Turmes" in der Umbauung des 18. Jahrhunderts.

Heilig-Kreuz-Kirche Loffenau
Obere Dorfstraße 1
76597 Loffenau

Die Heilig-Kreuz-Kirche in Loffenau

Ein herausragendes sakrales Monument am westlichen Rand des Schwarzwaldes, unweit von Baden-Baden gelegen, ist die Heilig-Kreuz-Kirche im malerischen Ort Loffenau. Die evangelische Pfarrkirche wurde im Jahre 1843 im neugotischen Stil erbaut. Der Neubau wurde an den Turm des Vorgängerbaus angefügt. Es entstand so im 19. Jahrhundert eine sogenannte Emporenbasilika. Der erhaltene Turm beherbergt den mittelalterlichen Chor der Kirche, in dem sich außerordentlich hochwertige Wandmalereien des 15. Jahrhunderts erhalten haben. Sie entstanden um 1440 bis 1460. Abgebildet sind neben zahlreichen Aposteln und Heiligen auch einige besondere Motive: So sticht hier eine „Hostienmühle" an der Nordwand der Kirche hervor. Dieses äußerst seltene Motiv ist eine der wenigen erhalten gebliebenen Abbildungen der Legende der „mystischen Mühle". Die Hostienmühle stellt eine Versinnbildlichung dar: Das Korn wird in die Mühle der Welt geschüttet und steht symbolisch für das Wort Gottes. In der Mühle wird es dann zu Hostien gemahlen, was für die im Abendmahl symbolisierte Gestalt des Leibes Christi steht. Die Apostel betreiben die Mühle und lenken die Wasser dorthin, was wiederum einen Verweis auf die paradiesischen Ströme darstellt (Gen 2,10 EU, Offb. 22,1 EU). Hierdurch wird mit der Wassersymbolik auch ein Bezug zur Taufe hergestellt. Die weiteren Bildfelder des mittelalterlichen Chores zeigen im Gewölbe die Symbolwesen der Evangelisten mit den Kirchenvätern, am Triumphbogen die Verkündigung und im oberen Teil der Ost- und Südwand die sogenannte Kreuzlegende. Einen besonderen Raum nehmen im unteren Teil der Ostwand und an einem Bereich der Südwand die Credo-Apostel ein. Prominent ist auf der Südwand die Strahlenkranzmadonna zu sehen. Um sie herum scharen sich Heilige und Stifter.

Zu einem Spaziergang durch Loffenau laden des Weiteren der Pfarrberg, die Bereiche entlang des Baches und die Fachwerkhäuser ein.